生活因阅读而精彩

生活因阅读而精彩

白话道德经

译注与诠释

老子/著　古秋/注释

时事出版社

图书在版编目(CIP)数据

白话道德经:译注与诠释 / (春秋)老子著;古秋注释.—北京:时事出版社,2015.1

ISBN 978-7-80232-735-1

Ⅰ.①白… Ⅱ.①老… ②古… Ⅲ.①道家 ②《道德经》-译文 ③《道德经》-注释 Ⅳ.①B223.1

中国版本图书馆 CIP 数据核字(2014)第191008号

出版发行:时事出版社
地　　址:北京市海淀区万寿寺甲2号
邮　　编:100081
发行热线:(010)88547590　88547591
读者服务部:(010)88547595
传　　真:(010)88547592
电子邮箱:shishichubanshe@sina.com
网　　址:www.shishishe.com
印　　刷:北京建泰印刷有限公司

开本:787×1092　1/16　印张:17　字数:210千字
2015年1月第1版　2015年1月第1次印刷
定价:29.80元

前言

人道是春秋战国，百家争鸣，殊不知所谓的“百家”却有一个共同的偶像——老子，这其中自然也包括被后世读书人奉为偶像两千多年的孔子。

老子人生中的大部分时间都在周王室为官，官职并不大，大约相当于国家图书馆的馆长。在当时，书还是一种极其稀罕的东西，老子的官职为他日后成为圣贤创造了条件。在图书馆中，老子遍览天下典籍，并将这些知识吸收融合为自己的学说。年近 80 岁时，他辞去官职，骑着一头青牛，离开了国都洛阳缓缓西行。函谷关的关令尹喜非常崇敬老子，当老子来到函谷关时，尹喜便恳求他为世人留下一点东西。老子在函谷关逗留了三个多月，然后继续西行。后来，老子被道教奉为太上老君，他出关时所骑的青牛便也成了太上老君的坐骑，在《西游记》里，作者吴承恩还曾经让这头青牛下界来为难过取经的师徒四人。

离开函谷关之后，老子从这个世界上消失了，再也没有人知道他的行迹，而世界上却从此多出了一本名叫《道德经》的奇书，这便是老子在函谷关逗留三个多月的工作成果。至于为何称《道德经》为“奇书”，这从它的历史地位就可见一斑。

首先，《道德经》是中国历史上首部完整的哲学著作，被华夏先辈誉为万经之王。与此同时，在联合国教科文组织的统计数据中，《道德经》是除了《圣经》以外被译成外国文字发布量最多的文化名著。像这样一部在古今中外同受敬仰的著作，难道还称不上是奇书吗?

《道德经》是由上篇《道经》和下篇《德经》组成的，共分为81章，暗合九九归一之数。《道德经》虽只有5000多字，但其思想内容微言大义，一语万端，为后人留下了丰厚的文化遗产，书中包含哲学、逻辑、宗教、文学、医学、气象、环境、天文、地理、社会、伦理等诸多方面的知识，揭示了老子本人的深邃思想，开创了道家学派的先河。

现代人很难想象5000字的篇幅中可以包含如此大的信息量，但很显然，《道德经》做到了。然而这也产生了一个问题，就是《道德经》的语言实在太过精奥晦涩，现代人很难读懂《道德经》的原文。这正是本书得以出版的原因。本书通过“注释”、“译文”和“解析”三个部分对《道德经》的原文进行深度解读，用优美、通俗易懂的方式将其中的微言大义阐释清楚，并且用这些道理去印证现实生活，让它成为我们生活、工作和为人处世方面的导师。

最后，愿每位读者都能在老子思想的指引下成其大道，成为生活中的智者和强者。

目录

CONTENTS

第一章　非常道

原典

道[1]可道[2]，非常道。名可名，非常名。无名，天地之始。有名，万物之母[3]。故常无欲，以观其妙。常有欲，以观其徼[4]。此两者同出而异名。同谓之玄，玄之又玄[5]，众妙之门。

注释

①道：意为本原、根源。这里引申为真理、规律等。

②道：此“道”为解说或阐明的意思。

③母：本意为母亲，这里指万事的根源。

④徼：玄妙，深奥。

⑤玄：深奥难以理解。

译文

能用语言阐明的道理，就不是永恒的大道。能用文字说明的概念，就不是永恒的概念。不能用语言说明的事物，是宇宙的源头。可以用语言解释清楚的事物，是孕育天地万物的源头。因此，常以虚无缥缈的状态处，来考察事物的真相。妙和徼的来源相同，但名字却不同。二者都是玄妙而不可理解事物。玄妙中的玄妙，是宇宙中所有奥妙的来源之门。

解析

在老子的思想里，“道”是非常重要的基础概念。在第一章里，老子重点介绍了什么是“道”，即“道”是不能用语言表述出来的，能够表述出来的就不是道了。因为“道”不是固定不变的，而是永恒运动的。当我们用言语把“道”表述出来时，“道”就已经变化了。

语言是信息的载体，但并不是所有的信息都能通过语言传递。语言是有非常大的局限性的，例如表达颜色的词汇只有百十个而已，而眼睛能分辨的颜色却有上千万种，用如此粗略的语言怎么能表述清楚眼睛看到的颜色呢？语言最可贵的地方是传递事物的意义，但是意义指向之处却不是语言所能完美阐述的。常人都非常注重语言，还把“有意义”的语言记录下来写成书，这些书确实记录了前人的思想，但是不能盲目地相信书籍，经过自己的思考和实践的感知才能获得真正的智慧。

庄子曾经写过一个故事，用来说明“道”不可被表述的道理。

春秋五霸之首的齐桓公非常喜欢读书，有一次他正在大堂上读书，大堂之外是一个优秀的工匠轮扁，他正在制造车轮。轮扁放下了干活的工具，走到大堂上问齐桓公：“您读的什么书呀？”齐桓公见他只是一个做轮子的工匠，颇有些轻视，道：“我读的是圣人之书。”轮扁不依不饶地问：“圣人还在吗？”齐桓公觉得这个人非常狂妄，便道：“圣人已经去世了。”

写书的圣人已经去世了，留下的书籍就成了人人都需奉行的经典，轮扁不这么认为，他说：“那么您所读的书不过是圣人留下的糟粕罢了。”齐桓公听到这话大怒道：“我读的是圣贤之书，你一个做车轮的有什么资格评论呢？如果你能说出道理来还能饶过你，说不出道理就是口出妄言，就要处死你。”

轮扁并没有害怕，缓缓地说："我是从做车轮中看出来的。造车轮的时候，慢慢做我很轻松，但是这样造出的车轮不坚固。抓紧时间做，造出的车轮不容易安装上。只有不紧不慢，才能造出最好的车轮。我心里明白怎么造出最好的车轮，但是不知道怎么说出来。我把这个道理告诉了也在造车轮的儿子，但是他不能明白我的意思。所以我今年七十了还在造车轮。”

轮扁已经明白造车轮的“道”了，但是不能将之传授给自己的儿子，这说明“道”可以被感知，却很难被表述。在生活中，总希望别人传授给我们一些“经验”，有些经验确实可以传授，但是有些“经验”却是需要经过自身的体会才能明白的。

“道”之所以能够被体验，是因为“道”就在我们身边，体现在我们生活中的方方面面。“道”有两种表现形式，分别是“无”和“有”。万事万物都从“无”中产生，在“有”中成长，“无”和“有”不是孤立存在的。首先要说的是，这里的“无”并非是什么都没有，而是蕴含着无限的“有”的。

战国时代著名的纵横家张仪，年轻时穷困潦倒，甚至被人污蔑为小偷，还被暴打了一顿，可谓彻底的一“无”所有了。就是这样一个看似什么都没有的人，后来在秦国大搞“连横”对抗诸国，整个天下简直成了他和苏秦的棋盘，你来我往，好不快活。“无中生有”是有条件的，那就是“无”里面包含“有”。张仪并非都没有，他还有一条“舌头”，还拥有智慧和卓越的眼光。一个穷困潦倒的人，可以白手起家，只要他拥有智慧和才华。如果张仪是一个无所事事、浑浑噩噩的穷光蛋，那么他也就不可能取得后来的成就了，这样的人注定无所作为，那才是实实在在的一无所有。

“无”不能从“零”创造万事万物，而是“无”中本身就隐藏着“有”。

“无”是天地的开始，“有”是守护万物成长的母亲。在“恒无”中蕴含着无穷的奥妙，在“恒有”中蕴含着世界的根源。“无”和“有”同出于“道”，他们是合二为一的同一的整体。“无”不断地转化为“有”，“有”不断地隐藏于“无”，它们时时刻刻都在不停地转化和变化当中。只有真正的智者才能透过纷乱的表象看破变化的规律，从而顺心如意，从无到有。

《三国演义》中诸葛亮和周瑜合作对抗曹操，但是周瑜一心想找个理由除掉诸葛亮，要他十天之内造出十万支箭，而且要工人不给工人，要材料不给材料。周瑜不相信诸葛亮能够完成任务，诸葛亮却说：“十天太长，只要三日即可。”并立下了军令状，如果三日之内交不出十万支箭，愿受军法处置。

按照正常的逻辑，即便是材料充足、工人足够也不可能在十天内造出十万之箭，何况周瑜还处处掣肘。这也是周瑜认为诸葛亮不可能“无”中生“有”的原因。后面的故事大家都知道了，诸葛亮“草船借箭”，自己虽然一支都没造，却从曹操处“借”来了十万支箭。

细想之下，诸葛亮真的是什么都没有吗？诸葛亮知道曹操军队的战斗规律，还掌握了天气、地理等因素。正因为把握住了“无”中的规律和其中蕴含的“有”，诸葛亮才能做到“无中生有”。

第二章　功成弗居

原典

天下[①]皆知美之为美，斯恶[②]已。皆知善之为善，斯不善[③]已。有无相生，难易相成，长短相形，高下相盈，音声相和，前后相随。是以[④]圣人[⑤]处无为之事，行不言之教；万物作焉而弗始。生而弗有，为而弗恃[⑥]，功成而不居。夫唯弗居[⑦]，是以不去。

注释

①天下：指天下百姓。

②恶：丑。

③不善：指恶。

④是以：因此，所以。

⑤圣人：指品德高尚、得道之人。

⑥弗恃：不倚仗。

⑦弗居：不自居自傲。

译文

天下人都知道什么是美，所以丑就相对产生了；天下人都知道什么是善，所以恶就相对产生了。有和无也是相对存在的，难与易相互成就，长与短相互比较，高与下相对而生，音和声相互结合而变得和谐，前与后相接而产生顺序。所以圣人用无为之态处世，用不言的方式教化百姓，让万物顺其自然产生而不去创造或干涉它。有了成就不占为己有，也不去倚仗它，更不会因成就而居功自傲。正是因为不居功自傲，所以也就不会失去这些东西。

解析

春天到了，河边的柳树长出了绿色的嫩芽，蝴蝶在草地上翩翩起舞，南来的燕子绕着屋檐滑翔，这是多么美丽的一副画面啊。这些风景在我们常人眼里是优美的，然而在“道”看来，鲜艳的花朵、腐朽的垃圾，甚至熙熙攘攘的人群都是一样的。老子说：“天地不仁，以万物为刍狗。”在“道”的眼里，一切的一切都是草扎的狗，都是混一的整体，没有美丑之分，没有善恶之别，也就不会有纷争。

刚出生的婴儿是最接近“道”的。听说在婴儿眼睛里的世界和常人看到的是相反的，但是随着在这个世界上慢慢成长，他才知道什么是上，什么是下。当他知道什么是美，丑的观念也就形成了；知道什么是善，恶的观念也就形成了。美丑善恶的观念并不是天生的，而是后天培养出来的。当培养出这些观念的时候，也就是人们之间产生分歧和纠葛的时候。

刘老师是北京一家音乐学院的老师，同时也是一名钢琴调音师。有一次他的车坏了，只好打车去上班。热情的司机问刘老师：“想听点音乐吗?”刘老师高兴道：“当然，来点欢快的。”音乐响起，出租车司机的肩膀随着音乐摇摆，听得如痴如醉。刘老师却皱起了眉头，道：“这简直就是噪音。”司机十分不理解刘老师，说：“这是多么优美的音乐呀！”平时待人和蔼的刘老师，听着刺耳的音乐，非常烦躁，甚至有些愤怒地说："赶紧把音响关掉！"司机没好气道："说听也是你，说不听也是你，什么人呀！"

在刘老师听来，音响里发出来的声音嘈杂无序，听这种声音简直是种磨难，出租车司机却能陶醉其中。正因他们对音乐的理解不同，所以才会争吵起来。刘老师从小就学习音乐，练就了对音乐极强的敏感性。他对音乐的敏感并不是天生的，而是他接受的教育告诉他特定的旋律是美的，无序的声音是不美的，所以他才会觉得音响里面的音乐是噪音。同样，在我们脑海里形形色色的标准都是这样建立起来的。

西施那样的美人在我们看来是漂亮的，但是放到以"胖"为美的原始部落里，西施简直丑得要命。美与丑、善与恶，都不过是我们强加给自己的观念罢了，甚至成功与失败也只是我们的主观臆想罢了。为了这些臆想，我们平添了多少烦恼呀！

人世间的一切概念和价值观都是人设定的，别人设定了成功、对错的标准，别人说有房有车就是成功，别人说没钱、没饭吃就是失败。正因为设定了这许多充满主观意愿的价值观，才引起了许多无谓的纷争。有智慧的人不会被这个世界制定的规则所迷惑，而是以一种超然的态度，依照自然界的规律行事，不强作妄为，这样才能消除很多无谓的烦恼。

江上的秋风，山上的明月，听到耳朵里就成了音乐，看在眼睛里就成了美丽的景色。这是自然界的赋予，我们只是恰逢其时听到、看到了而已。如果人人都认为自己的观点是正确的，那么必然产生争论。如果我们能以平和、淡然的心态对待遇到的一切，也就没什么可争论的了。

第三章　虚其心，实其腹

原典

不尚贤[①]，使民不争；不贵[②]难得之货，使民不为盗；不见可欲，使民心不乱。是以圣人之治，虚其心，实[③]其腹，弱其志，强其骨。常使民无知无欲，使夫知者不敢为也。为无为，则无不治。

注释

①尚贤：崇尚才德高尚之人。尚，崇尚。贤，贤才。

②贵：不看重、不珍惜。

③实：充盈。

译文

不崇尚贤才，人民也就不会争名夺利；不看重钱财或难得的宝物，人民也就不会去偷盗；不让人民看见引发贪欲的东西，人民也就不会产生邪念。所以，圣人治理国家的方法是，使人民的内心简化，让人民吃饱，还要削弱人民的意志，并使他们的体魄强健起来。一直让人民保持无欲无求的状态，让那些有才干的人不敢轻举妄动。只要以无为的原则治理国家，就没有治理不好的地方。

解析

这一章是老子对其执政理念的阐述。老子认为，人类的纷争多是欲望不受制约的缘故，只要阻止人民欲望的产生，就能使人民不为了一己私欲而相互争夺。所以老子说："常使民无知无欲，使知者不敢为，则无不治。"

事实上，在古代，民众所能获取的信息是极度匮乏的，甚至绝大多数人都是完完全全的文盲，这就使得"使民无知无欲"变成了可能。但是到了现代，信息的交流已经非常顺畅，即便是在贫困的山区，网络也能带给人们最新的资讯，所以限制人们获取信息是很难的。那么这一章的价值何在呢？我们可以从老子对"民"的态度出发，从中探求自我的救赎之道，这是这一章给我们的启示。

我们常说："不患贫，患不均。"一个相对贫穷而分配合理的社会，要比一个富足而贫富差距大的社会和谐得多。老子想要的就是这样一个"平均"而又"和谐"的小型社会。在后面的章节中，老子描述其理想社会时说"鸡犬之声相闻，老死不相往来"。看来他也知道只有在自给自足的"小国寡民"式的小型经济环境里，才能达到"虚其心，实其腹，弱其志，强其骨"的目的。

人的欲望是无止境的，一个学生经过一个学期的努力，获得了第二名的好成绩，但是他还想获得第一名。很多人觉得只要第一不是自己就是失败的。而事实上在很多时候，第一和第二之间其实并没有什么能力上的差距，只是运气使然罢了。如果忽视自己的能力，只注重于排名，那么这种名次根本没有任何意义。我们很多时候就是为了这种没有意义的排名而费尽心机，真正能提高自我内在的东西反而在追求名次的过程中失去了。

不可否认，欲望是社会前进的动力，但是过分的欲望，不但于社会不利，还会让自己也快乐不起来。发现当下的乐趣，在生活中注重自我修养锻炼，才能获得真正的快乐。做个沉迷于功利的“贤人”好，还是做个快乐的普通人好呢？每个人都会有自己的选择，不过我想肯定有很多人希望做个快乐的普通人。快乐的普通人不会过分与人争抢什么，付出多少努力，得到多少便好。

快乐的普通人不会因为别人买了一套高档化妆品或是一辆豪华跑车而心生怨恨。一个沉迷于功利的人，见不得别人比自己好，甚至为了获得“价值”高的东西铤而走险，甚至走上犯罪的道路。那些黑心的商人和贪腐的官员不就是没能控制住对“难得之货”的欲望吗?

清朝大贪官和珅官至极品，一人之下，万人之上。不出意外的话，和珅的家族必将数代荣华富贵，但是他没能控制住对金钱的欲望，不但利用职务之便收受贿赂，还贪污国家的财产。然而他的这些行为就算瞒得了一时，也瞒不过一世。乾隆皇帝死后，和珅立即被治罪抄家，那些努力获取的不义之财，不但没能带走，反而成了他的罪证。如果他懂得“不贵难得之货”的道理，又怎么会从一品大员成为阶下囚呢?

欲望之所以是欲望，就是因为其难以控制。饥饿的人看到面包就想去吃，潇洒的青年见到多情的女子就想亲近，这都是人类最原始的欲望。但是，现在的你饥饿时也不会去抢路边孩子的面包，因为道德的力量束缚着你，让你不能肆意妄为。道德可以一定程度上束缚住欲望，但并不是绝对的。对于一些明知会对自己造成不好影响的事物，最好的方法就是不去接触。

都知道毒品是有害的，但是社会上为什么会有那么多瘾君子？因为吸食毒品一旦上瘾之后就很难戒掉了。避免自己染上毒瘾的最好的方法是什么呢？当然是不去接触毒品，甚至要少去容易接触到毒品的地方。“不见可欲”，心就不会乱了。

做个快乐的普通人吧，不去过分追求无论是看得见的还是看不见的享受。远离诱惑的源泉。不去过分争抢什么，也不去过分追求什么，每天吃饱穿暖，快快乐乐地享受生活中的感动和爱意的人才是最幸福的。

第四章　万物之宗

原典

道冲[①]而用之，或不盈[②]，渊兮似万物之宗。挫其锐，解其纷，和其光，同其尘[③]。湛兮似或存。吾不知谁之子，象帝[④]之先。

注释

①冲：这里是空虚、虚无之意。

②盈：尽头、穷尽。

③同其尘：把自己和世俗混同。

④帝：天帝。

译文

虽然道只是个虚无缥缈的概念，但却是用之不竭的，深渊啊，它就像万物的源头。挫其锐气，解其纠纷，收敛其光芒，使它混合于尘世之中。虽然它虚无缥缈，但又好像存在于万物之间。没有人知道它是由谁生成的，好像在天帝之前它就出现了。

解析

“道”就像一个杯子，但是名为“道”的这只杯子拥有无限容量。普通杯子向里倒水，水满后总会溢出来，而将万事万物都倒进“道”这只杯子里，也不会溢出。正因为“道”的无限博大和无限深远，才能够容纳万物，并产生万物。

如果像“道”一样，拥有广阔的胸襟和包容的心态，进退有度，谦虚谨慎，就能平凡而快乐地活着。一个人只要拥有这样的态度，无论在什么环境里都能自在地成长。

中国历史上从来不缺这种有大智慧的人，他们往往能在人生的道路上获得属于自己的成就。曹操就是这样一个人。

对待明知不会忠心归顺自己的关羽，曹操在其寸功未立时就奏请汉帝，将其封为汉寿亭侯。然后冷送冬衣，夏送单衣，送金钱，送美女，还将赤兔马送给了关羽。三日一小宴，五日一大宴，为了保护关羽的胡子，曹操甚至还送了个布袋给关羽。曹操对关羽可谓无微不至了，但是当关羽得知刘备的去向后，还是执意要去寻找刘备。曹操虽然非常不愿意，但也还是非常礼貌地把他送走了。

不仅是对关羽，对待杀了自己儿子和大将的张绣，曹操也仍然能不计前嫌地重用。

汉朝末年是真正的乱世，群雄并起，逐鹿天下。曹操之所以从一个宦官的后代成长为一代英雄人物，和他对各种可用人才的包容是分不开的。即便是手下得罪了他，但只要这个人可用，他也一样能容忍。曹操就像一个深不见底的杯子，对于各色人等，来者不拒。正因如此，曹操麾下囊括了天下的英豪才俊，为其雄霸天下打下了坚实的人才基础。

“道”包容一切，所以能成就一切。人只有像“道”一样包容，才有完成自己梦想的可能。生活绝对不是一帆风顺的，来到这个世界上就要做好接纳这个世界的准备。无论是好的事情，还是坏的事情，都必须毫无区别地接纳。逃避或许能有一时的快乐，但人是不能永远逃避的，逃避得越久积攒的压力和困苦也就越大。倒不如索性让生活的困苦涌来，能够解决的解决，能够忍让的忍让，实在无法处理的时候，就要思考。

宋代名臣范仲淹一篇著名的文章《岳阳楼记》，让巴陵郡太守滕子京名扬千古。但事实上，即便没有这篇文章，滕子京这样一位豁达之人也理应被历史所铭记。

滕子京是中国传统文人中的代表人物，为了自己所秉持的真理敢于直言，不为自己仕途的坎坷伤心难过，无论在什么样的岗位上都能做出一番成绩。为了让赵太后还政给仁宗皇帝，滕子京上书直言，结果触怒了赵太后被贬出了京师。在池州任上，滕子京兢兢业业，只要是对民众有好处的事情，不顾自己的安危也要完成。为了犒赏劳苦功高的将士，滕子京被诬告贪污，他勇敢地担负起了所有责任，导致自己再次被贬官。就这样一贬再贬，滕子京才从一个风光的京官变成了穷苦的巴陵郡的太守。

常人被贬谪到这样一个穷山恶水的地方，或是放浪形骸不理政事，或是同流合污不再坚持自己的操守。但滕子京却没有丢掉自己为人处世的准则，而是以包容的心态对待人生路上的所有坎坷，将别人畏惧的山崖，视作坦途。在巴陵太守任上，他不计个人荣辱得失，以国事为重，勤政为民，办了几件好事，如扩建学校、修筑防洪长堤等。这些事受到百姓称赞，结果两年时间就政通人和，百废俱兴，“治为天下第一”。尤其是重新修葺了“岳阳楼”，不但为当地百姓所称赞，更是被无数千古后人吟咏歌颂。

一个人如果准备好接纳人生路上迎来的一切欢喜和悲伤，那么这个世界也绝对不会让你失望。困苦可能在一段时间内密集地涌来，但终究会过去，这个世界绝对会给乐观者以赏赐。只有包容一切困苦，困苦才能包容你。如果没有包容的心态，受到一点挫折就自暴自弃，那么这个世界也会无视你的。

第五章　多言数穷

原典

天地不仁[①]，以万物为刍狗[②]；圣人不仁，以百姓为刍狗。天地之间，其犹橐龠[③]乎？虚而不屈[④]，动而愈出[⑤]。多言数穷，不如守[⑥]中。

注释

①天地不仁：天地对万物没有亲疏之分。

②刍狗：用草做成的狗，古代用于祭祀。

③橐龠：这里指风箱。

④屈：穷尽。

⑤出：衍生，产生。

⑥守：保持，遵循。

译文

天地没有所谓的偏心，它对待一切就像对待用稻草做成的狗一样；圣人也是如此，他们对待百姓也像对待用稻草做成的狗。天与地之间可能就像个巨大的风箱吧？虽然里面是空的，但却永远无穷无尽，越是拉动它，产生的风就越多。政令虽繁多，但大多却难以施行，与其这样，还不如处于持中的状态。

解析

在老子看来，“天地”是客观的，并不像有些人信仰的“神灵”那样，以自己的意志掌管世界。“天地”是一个自然的存在，万事万物依照各自的规律运行。春天开花，秋天结果；太阳从东方升起，在西方降落；水总是流向洼处，风却能吹动衣裙……这些自然现象都不是被有意控制的，而是自然而然的。

老子用“刍狗”的例子来说明这个道理。“刍狗”是用稻草扎成的狗，和稻草人有些类似。当人们进行祭祀活动时，“刍狗”就被放在供桌上，受人祭拜。祭祀结束后，刍狗就被弃若敝屣，让人随意踩踏，直到被人当柴火烧掉或是慢慢腐烂。而在老子的眼里，“天地”就是这样把万事万物当作没有意识的“刍狗”的。

“刍狗”虽然没有意识，但并不是静止不动的，而是时刻都在运动当中。为了说明宇宙万物不断运动，老子还把天地比喻成了一只巨大的永不停歇的风箱。风箱不断被拉动，风就源源不断地从进风口进，从出风口被吹出来了。

老子举的这两个例子就是为了向人们证明，“道”是依照自然规律永远运动着的。通过这个道理可以得出一个结论：说得太多是没什么用处的，不如依照自然法则行事。

在此要特别说明的是，《道德经》的原文里提到了一个词“守中”。老子所说的“中”和儒家所说的“中”是不一样的。儒家的“中”，是“中庸之道”，意思是做事不偏不倚，中正平和。道家的“中”的意思是“中空”，也就是“虚空”。“天地不仁”和“守中”都是从“无为”中引申出来的。“无为”就是顺其自然，这里的“守中”同样也是顺其自然。

为人处世，顺其自然就可以。多说话不但没有益处，反而会招致灾祸。历史上因为多说话而招致灾祸的例子不在少数。

清朝是中国历史上文字狱最多的时期。清朝的统治者原是游牧民族，文化全面落后于中原，因此他们对自己的统治非常不自信。为了更好地统治天下，清朝皇帝对文人写的书、吟诵的诗词特别敏感，文人的著作中的字句稍有“犯禁”，就会被朝廷以造反的名义逮捕。

雍正年间有个人叫徐俊，他的父亲曾经当过朝廷的大官，官拜刑部尚书。徐俊这个人小时候就很聪明，诗词歌赋样样精通，又出身名门，因此养成了狂放不羁的性格。这人也确实才华出众，写出的诗作总能不断地被吟咏传唱，就连千军万马过独木桥一般的科举考试，徐俊也对自己十分有信心。当时的科举可不是现在的高考，科举三年才考一次，全国的才俊集于一堂，考中率只有几万分之一，没几个人敢说大话必能高中。

徐俊的才华果然名不虚传，他不但考中了进士，而且还因为成绩名列前茅被授予代表特殊荣誉的“庶吉士”头衔。按说徐俊算是志得意满了，以后即便达不到父亲的高度，但仕途也会顺风顺水，往后还能体面退休。但事实并非如此，他的狂放不羁，为他招来了许多仇家。有人为了报复他，想方设法找他的罪证，当这个人拿到了徐俊的一本诗集的时候，便断定，徐俊死定了。

仇家从徐俊的诗集里看到了一句诗“清风不识字，何故乱翻书”。清朝的国号是“大清”，这句诗不正是讽刺统治者不懂中原的文化礼仪吗？仇家以诽谤“圣上”为名，将徐俊告到了雍正皇帝那里。刑部给徐俊定的罪名是“狂诞居心，悖戾成性，于诗文稿内，造为讥讪悖乱之言”。最后，徐俊被按照“大不敬”的罪过“斩立决”。非但如此，他的那些书稿也尽数被损毁。古人认为一个人的最高荣誉是“立德，立言，立行”。烧掉书稿，可谓把徐俊最后的荣誉都销毁了。

如果徐俊懂得老子“多言数穷，不如守中”的道理，少说话，按照自然的法则立身处世的话，就不会有后来的灾祸了。事实上，徐俊的这句诗只是一句无心之言，但就是这样的无心之言为他招来了致命的灾祸。

不必要的话不说，不必要的字不写，不必要的事不做。依照自然的法则行事，不但能自保无虞，还能获得意外的收获。老子的智慧之言，总是可以给后人以启发。

第六章　谷神不死

原典

谷神①不死②，是谓玄牝③。玄牝之门，是谓天地根④。绵绵若存，用之不勤。

注释

①谷神：道的别称。谷，空虚开阔，无所不容，形容“道”虚空博大，像山谷。神，形容“道”变化万端，非常神奇。

②不死：永存不灭。

③牝：指雌性。

④根：根源。

译文

空虚开阔的大道永存不灭，这便是孕育一切神秘事物的母体，也可以称为天地的根源。它就像丝线一样，连绵不绝，其价值更是无穷无尽，不可估量。

解析

秋天仿佛有一种萧索之气，到了秋天，万物仿佛都失去了生机，人也容易感到忧伤悲凉。秋风阵阵，吹落了枯黄的树叶；白霜茫茫，覆盖了鸟兽的踪迹，整个世界好像都死掉了。但是当春天来临，鲜花又铺满大地，飞鸟也会重新站在翠绿的枝头。天地之间，绵绵不绝，不会因为一时的萎靡而永远消沉，也不会有永远的繁荣。事实上，在秋冬季节，自然界只是依照规律暂时沉寂罢了，随着自然规律的运行，生机就会重新发展成绚丽的万物。

老子认为宇宙的一切都是“道”的孩子。女性生孩子是有年龄限制的，太小或太老都不行，只有年龄适当的人才可以。但是“道”是永远不会衰老的。随着自然界的运转春天过去了，另一个春天还会降临。人生的旅途也是这样，我们完全不必担心错过了一个很好的机会，因为苦难只是暂时的，只要耐心等待另一个机会还会降临到你的身边。

美丽的小丽高中毕业，如愿以偿考上了理想的大学。高中的艰苦学习让小丽非常痛苦，但是她还是坚持下来了。在小丽的幻想里，大学是个多姿多彩的世界，可以学习到先进的知识，尽情阅览图书馆的藏书，还能到处去游玩。整个夏天，小丽都在憧憬着大学生活的精彩，她已经迫不及待了。

大学生活对小丽来说确实充满了吸引力，为了更好地融入大学生活，她加入了话剧社团。小丽很有些表演天赋，加上天生丽质，一些男生开始接近小丽。开始小丽没什么感觉，但是看到一些同学出双入对，便也想交个男朋友照顾自己。话剧社里有一个大三的学长，表现出了对小丽与众不同的关心。小丽也觉得这个学长不错，便和他在一起了。

半年多以后，小丽对大学的新鲜感已经没有了，她也有了自己的社交圈子，大学只剩按部就班的几个点之间的走动罢了。老师的教学也显得非常乏味，社团里的任务已经成了负担，图书馆也很少去了。只是常常和男朋友出双入对，关系越来越亲密了。西方神话故事里的亚当和夏娃没有听从上帝的警告，经不住诱惑，偷吃了禁果。小丽和他的男朋友也没经受住青春的诱惑，发生了性关系。

小丽大二的时候，他的男朋友已经大四，但是他男朋友即将毕业的哀愁并没有冲淡彼此间的关系，他们和很多同学一样，在校外租了房子，开始了同居生活。小两口虽然还没什么收入，但幸福地过上了小日子。

大四下半年，小丽的男朋友去外地实习。对还没体验过思念滋味的小丽来说可谓度日如年。临到毕业前，小丽的男朋友回到了学校。参加完毕业典礼后，小丽本想再多听听男朋友的海誓山盟，可是男朋友只轻轻说了句“我们分手吧”。本打算把后半生都交给男朋友的小丽伤心欲绝，毕业即失恋的谶言落到了自己的身上。

和男朋友分手后，小丽感觉自己被欺骗了。时间一天天过去，小丽觉得自己的身体不太对劲，便偷偷去做了检查，最可怕的结果出现了，她怀孕了。

结果出来后，小丽的眼前一阵阵发黑，天塌下来也不过如此。自己怎么向父母交代，又怎么面对同学和以后的生活呢？她打电话给自己的男友，可是总是被挂断；接通后，只听到曾经男朋友的怒吼：“你烦不烦呀！”小丽哭着说她怀孕了，曾经的男朋友却说不关他的事。这时的小丽甚至想到了死，死了之后就不会再面对世间的纷纷扰扰了。

学校后面有条河，水不深，但是还算清澈，小丽觉得这里是自己最好的长眠之所。站在岸边，小丽一跃而下，她闭上了眼睛，和这个世界诀别。河水瞬间淹没了小丽，她很快就失去了知觉。

再次醒来的时候，小丽第一眼看到的是个惊恐的男生。这个男生也是他们学校的，有钓鱼的习惯，在河边钓鱼时，偶然看到小丽落水，便将她救了上来。他生怕小丽有什么三长两短，还好小丽苏醒了过来，他也就放心了。

经过这件事之后，小丽放弃了轻生的念头，也放弃了未出生的孩子。她并没有和救他的男生在一起，而是重新振作了起来，将主要精力放到了学习上。

现在的小丽仍然楚楚动人，充满了成熟的魅力，她已经是一家跨国公司的高管了。

在奋斗的过程中，小丽并非一帆风顺，遇到了一个又一个困难。但是小丽知道，困难来临时不要担心，因为困难总会过去，即便现在的美丽是一个错误，但是谁能说下一场邂逅就不是一出浪漫的喜剧呢?

生活不会向你关上所有的大门。小丽经历了生死的波折之后才明白了这个道理，中国的先哲老子却在两千多年前就提醒过我们了。无论是自然界还是社会都不会放弃我们，会不断给我们机会，重要的是，我们要努力把握住自己。

第七章　能成其私

原典

天长地久。天地所以能长且久者，以其不自生①，故能长生②。是以圣人后其身而身先，外③其身而身存。非以其无私邪？故能成其私。

注释

①自生：自营其生。

②长生：长久地生存下去。

③外：这里指不过分珍惜。

译文

天地是长久的。天地之所以长久不灭，是因为它们不是为了自己而不停地运转，所以它们才能长久。同样的道理，谦和且与世无争的圣人反而走在众人的前面，不过分惜命的人，反而能活得长久。就是因为这种无私，才实现了自己的心愿。

解析

在老子的概念里，天地是最长久的存在，而天地之所以能长久，是因为它不为自己谋取私利，只是顺应自然的规律。圣人明白这个道理，从不谋求自己的利益，正因如此圣人才得到了最大利益。努力谋求的东西，不一定就能得到，顺其自然，不急不躁，反而能够成功。

过分刻意地争取，人们会觉得这个人心态不够平和，做事毛毛糙糙，不是一个值得信任的人；或者觉得这是个非常重“利”的人，为了一己之私可以不顾一切。谁又能放心这种人呢？比如，在公司里，特别爱表现的同事人缘都不会太好，原因就是别人觉得这种人不顾别人的感受，太过自私自利。

不刻意追求成功的人，往往能够成功。不把自己的意愿摆在前面，不优先考虑自身的利害关系，是一种了不起的精神，自然会获得别人的爱戴。每个人都喜欢跟那些懂得谦让和收敛的人打交道，所以就愿意帮助他，在众人的帮助下，自然容易获得成功。

明朝嘉靖年间的大学士徐阶，被人称为甘草国老。“甘草”是一种中药，这种药可以清热去火，但是治不了大病。徐阶给人的印象和甘草差不多，经常帮助一些官员免遭奸党的处罚，但是没有能力肃清奸党，还朝政以清明。然而就是这样一个谨慎、温和甚至处处对人忍让的人，保全了朝中许多清廉正直的大臣，还将臭名昭著的严嵩斗倒了。

严嵩在中国历史上是遗臭万年的“名人”。严嵩凭借大礼议事件投机成功，获得了皇帝的赏识。此人“青辞”写得好，又会拍马屁，逐渐当上了大明帝国的百官之首——内阁首辅。严嵩贪污腐败，杀害异己，弄得朝廷上下乌烟瘴气。徐阶就是在这种情况下担任内阁次辅，和严嵩共事十余年。

徐阶对严嵩恨之入骨，非常希望能够除掉他。徐阶想要这样做的目的不仅是要为国除害，更是因为严嵩杀害了徐阶的老师夏言。如果徐阶是一个莽夫，他可能会怀揣利刃去和严嵩拼命，但是徐阶并不是这样的人。他拥有超出常人的大智慧，他知道，凭自己现在的实力是万万斗不过严嵩的，只能隐忍等待时机。

徐阶的得意门生杨继盛却没有学会老师的隐忍，上书嘉靖帝，弹劾严嵩祸国殃民。但是，嘉靖帝对严嵩偏听偏信，认为杨继盛意图诬陷。杨继盛就这样冤死了，而徐阶与严嵩的仇恨也更深了。

当严嵩害死夏言时，有人骂徐阶为什么不救自己的老师。严嵩害死杨继盛时，也有人骂徐阶，斥责他对自己的学生见死不救。徐阶终日在谩骂中度过，其痛苦程度可见一斑。难道他不想仗义执言，痛斥严嵩之非吗？不，他非常想，但是他知道自己不能那么做。在自己实力不够时，强行和严嵩过招，只会将自己陷入危险的境地。如果自己被打倒的话，满朝文武还有谁能够制衡严嵩呢？还有谁有机会除掉严嵩呢？

"外其身而身存"，徐阶只有将自己置身于事外，才能获得严嵩的信任，从而保全自己。严嵩也非常提防这个"二把手"，他并不是不知道徐阶和夏言、杨继盛的关系，几次三番设计陷害徐阶。面对各种侮辱和陷害，徐阶丝毫不以为意，反而越发对严嵩恭敬起来，甚至将自己的孙女嫁给严嵩的孙子做小妾。渐渐的，严嵩对徐阶彻底放心了，严嵩觉得自己总有退休的一天，到时候徐阶就会继任首辅，首辅的位置不争也是他的，于是便不再对他使用阴谋诡计了。

徐阶终于等到了机会。明嘉靖四十一年，皇帝居住的万寿宫失火，已经年过七十的严嵩，在奏对的时候惹恼了嘉靖帝，渐渐失去了皇帝的信任。徐阶授意御史邹应龙告发严嵩父子，嘉靖皇帝下令逮捕严嵩之子严世蕃，并勒令严嵩退休。

就算事情到了这个地步，徐阶仍然没有轻易暴露自己的实力。严嵩被勒令退休之后，徐阶还亲自去严嵩家里安慰，还许诺向皇帝求情。就这样，徐阶打消了严嵩一党狗急跳墙的想法。随后，他命令邹应龙以"作乱、通倭"的罪名，除掉了严氏父子。

徐阶并不急于实现自己的目的，在与严嵩相处的时候，处处甘居其后。这样不但使自己得以保全，也除掉了国家的祸害严嵩一党。

对于重病和体质衰弱的病人，“重药”非但不能治病，还可能要了命。这时候，像甘草这种中正平和的药就发挥出巨大的作用了。徐阶非但不以“甘草国老”的称号为耻，还觉得“国老”就要像甘草一样，中正平和，不居人先，才能调理阴阳，治国安邦。徐阶的智慧和老子的智慧真可谓有异曲同工之妙。

第八章　上善若水

原典

上善[①]若水。水善利万物而不争，处众人之所恶[②]，故几于道。居[③]善地；心善渊；与善仁；言善信[④]；政善治；事善能；动善时。夫唯不争，故无尤。

注释

①上善：这里指品德最高尚的人。

②恶：厌恶。

③居：安守。

④信：真诚。

译文

德行高的人就像水一样。水滋润着万物却不与它们相争，它总是待在人们都讨厌的地方，所以它的境界类似于道。品德像水一样的人，总把自己置身于众人之下，他们的思想宁静而深不可测，总是以真诚、友爱、无私的心来对待别人，他们当政时能治理好国家，善于利用自己的优势做事情，并善于抓住机会。由于他们与世无争，所以也不会为自己招来怨恨。

解析

没有人能形容水的形状，水的形状取决于存放它的容器，水可以被任意塑造，是世界上最柔弱的存在。将水束缚在瓶子里，它就不会流动；将水放到水管里，它就会按照人的意愿流淌；人工降雨，把水从天上带到了地上；大运河，让水从南方来到了北方。水从不与人争执什么，任你用刀砍，总也砍不断；任你用火烧，也无所谓；即便将水放到高处，它也不会占据，而是向下流淌，甘愿贫贱。

老子认为水是最接近“道”的，人总是想往高处走，而水总是向低处流。处在最低处的水总是默默地滋润着大地。植物需要水才能生长，动物需要水才能生存。水对植物和动物来者不拒，任你索取，它总是以宽广的心态对待与之相遇的一切，总是甘居人下，正因如此，才成就了自身的功绩和品德。

每个人都应该向水学习，当遇到阻碍的时候，不要自暴自弃，而是应该像水一样迂回寻找出路。如果遮挡太高，那就默默地汇聚成池，总有一天能够漫过阻碍。不占据高的位置，永远在别人不愿意在的地方，只有这样，才能够成就自己。

范蠡是春秋时期楚国人，贫贱的出身使他的学习过程非常艰难。当时的社会还是森严的等级制，贫贱的出身很难找到优秀的老师，也很难拥有足够的学习资源。出身对于范蠡，就像一座大坝对于水流那样，大坝阻碍着水流的前进，出身阻碍着范蠡的进步。

水流只能暂时被大坝阻拦，只要有足够的水量和时间，水就会漫过大坝。范蠡也没有因为出身寒微而自暴自弃，只是默默地积累和学习，终于学有所成。传说范蠡上晓天文、下识地理，满腹经纶，文韬武略，无所不精。

楚国是当时世界上最强大的国家之一，但也正因如此，楚国君臣都非常骄傲。不是贵族出身的人，根本不可能在楚国获得一官半职，即便是非常有才华的人，也不得不在血统面前低头。但是对于真正的智者，总能找到出路。

水流总是蜿蜒而下，智者也要懂得离开。离开强大的楚国，范蠡一点也不可惜，既然家乡实现不了抱负，天下之大，总有识人的地方。离开了楚国，范蠡周游各国，希望找到一展抱负的机会。

有准备的人，总会和机会不期而遇。范蠡受到了越王勾践的赏识。在越国，范蠡得到了一展才华的机会，越王交给的任务他总是处理得井井有条。越国君明臣贤，全国上下一片生机勃勃，在范蠡的心中越国成为天下霸主是迟早的事。但是天不遂人愿，一场巨大的灾祸降临到了越国头上。

邻国吴国在国王夫差的带领下，倾全国之力进攻越国。由于越国没有做好战争的准备，便被吴国打得大败。战争之后，越国的国力跌到了谷底，已经无力再与吴国对抗了。范蠡告诫勾践，无论什么条件都要答应，一定要保住自己和越国。

听从范蠡的意见，越王勾践甘愿带着自己的妻子到吴国当奴仆，吴王夫差提出的那些苛刻的条件，勾践也全部答应下来。为了让夫差放松警惕，勾践将本国祖庙里的柱子拆了下来送给夫差，甚至在夫差生病的时候，亲口品尝夫差的粪便以查验病情。在越国君臣的努力下，夫差放松了对勾践的警惕，不但没有灭掉越国，还允许勾践回到自己的国家。

公元 476 年，相距吴国打败越国已经二十年了。在范蠡的辅佐下，越国重新焕发了生机，他们最终打败了吴国，逼得吴王夫差自刎而死。越国也就此成了东南地区的霸主。

此时的范蠡可谓志得意满，他在越国的地位也是一人之下，万人之上。越王勾践对其言听计从，这个曾经的出身贫贱的人，已经站在了权力的顶峰。然而，范蠡却在这个时候决定离开越国。

当年离开楚国，是为了追求自己的理想，现在离开越国，则是为了消灾避祸。范蠡认为越王勾践是一个可以共贫贱，却不能共富贵的人，如果继续待在越国，一定会被勾践所害。离开让范蠡躲过了一场灾祸。与范蠡一同辅佐勾践的有功之臣文种，没有听从他的劝告，不肯离开，结果竟真的被越王勾践害死了。而范蠡呢，正和自己心爱的女人西施一起泛舟西湖，过神仙般的日子呢！

有的人可以建功立业，成就一番宏伟的事业，但是如果不懂得“处下”之道，便难免身受其害。历史上那些“兔死狗烹，鸟尽弓藏”的事不都是明证吗？因此，只有学习水的美德，“善利万物而不争”，才能最好地保全自身，永远快乐逍遥。

第九章　功成身退

原典

持而盈之[①]，不如其已[②]；揣而锐[③]之，不可长保。金玉[④]满堂，莫之能守；富贵而骄，自遗其咎[⑤]。功成身退，天之道也。

注释

①持而盈之：这里指骄傲自满。

②已：停止。

③锐：锋利、尖锐。

⑤金玉：这里指财富。

⑥咎：祸根，灾祸。

译文

持执盈满，不如停下来；一件铁器磨得太尖利，反而难以将这种尖利保持太久。满屋的金银财宝，却没有人能永远守住它们；如果人因富贵变得骄横，那么就会给自己埋下祸根。人在功成名就之后，就要急流勇退，这才符合天地万物的运行规律。

解析

孔子的八世祖正考父是个有德行的人，胸怀丘壑，气度不凡。当他刚刚担任官职的时候，便开始弓着背。升到大夫的时候，就弯着腰。等到担任六卿之一的高官时，就俯着身子，顺着墙走路了。事实上，并不是正考父的身体越来越差，而是他官职越大，就变得越来越谦卑的缘故。

有人说世界上有两种东西最难填满，一种是大海，因为大海无比广大，包容万物。另一种是人的欲望，因为人的欲望会随着地位的增长而增长，如果不加克制，就会成为燃烧自己的火焰。像正考父那样的人实在是太少了，但是只有像他这样懂得谦卑和忍让的人才能成为人生的赢家。

凡夫俗子们取得了一些成绩就变得骄傲自满；刚刚进入仕途的时候自命不凡；担任士大夫，简直就狂妄得没了边；侥幸当上六“卿”这样的高官，便自称长者，将别人当作小辈了。这样的人取得成绩，很大程度上是基于运气的成分，如果始终贪心不足，居功自傲，终究难免身败名裂的下场。

信陵君是魏国贵族，战国四君子之一。他礼贤下士，门下聚集了一大批可用的人才，还曾经带领魏国两次打退了秦国的入侵。信陵君之所以能够获得如此高的成就，和他拥有知进退的大智慧是分不开的。

关于信陵君的故事非常多，窃符救赵就是非常著名的一个故事。

魏安釐王二十年，秦昭王在长平之战当中打败了赵国的主力部队，进兵包围了赵国的首都邯郸。赵惠文王的弟弟，同为战国四公子之一的平原君是信陵君的姐夫。平原君多次送信给魏王和信陵君，希望魏国能够发兵救援赵国。魏王派大将晋鄙带领十万大军救赵，然而却因为害怕秦国的报复而让军队在邺城安营，名义上是救赵，实际上是坐山观虎斗。

就在此时，一个名叫侯嬴的人向信陵君献计："我听说晋鄙的兵符常放在魏王的卧室内，而如姬最受魏王的宠幸，可以自由进出魏王的卧室。如果在如姬那里下一番功夫的话，我们就可以把兵符偷出来，然后杀掉晋鄙，率军援救赵国了。我听说如姬的父亲是被人害死的，可是事情过了三年，都没有找到凶手报杀父之仇。要是您能派人帮如姬报了杀父之仇，将仇人的头献给如姬，然后请求如姬帮您拿到兵符的话，如姬一定会答应的。"

信陵君按计行事，如姬果然帮他偷到了兵符。信陵君又听从侯生的计策，带着一个名叫朱亥的力大无穷的屠夫一起去了晋鄙的军营，然后假传魏王的命令取代晋鄙。虽然手握兵符，但晋鄙还是起了疑心，抬头看着公子说："我现在拥有十万军队，驻扎在边境上，这是国家的重任，现在你独自一人就想要取代我，究竟是怎么回事?"就在此时，朱亥突然出手，用一根四十斤重的大铁锥打死了晋鄙。信陵君掌管了晋鄙的军队，然后挑选精兵八万人，进兵攻击秦军。秦军围困邯郸城久攻不下，已经十分疲惫，一看魏国的援军来了，便解围而去。就这样，信陵君救了邯郸，保全了赵国。

击退秦国，在信陵君的功劳簿上又记上了浓重的一笔。信陵君的威望空前提高，同时也奠定了魏国在群雄中的地位。最感激信陵君的就是赵王了，为了表达对信陵君的感激，赵王亲自到郊外去迎接他进城。

凭借信陵君的功劳，赵王到远郊区迎接他也无可厚非，但是信陵君的谋士唐雎却有不同的意见。唐雎委婉地对信陵君说："我听说，事情有不知道的，有不能不知道的；有不可以忘掉的，有不可以不忘掉的。"信陵君说："你说这话什么意思呢?"唐雎说："别人憎恨我，不可以不知道；我憎恶别人，是不可以让人知道的；别人有恩德于我，是不可以忘记的；我有恩德于别人，是不可以不忘记的。如今，你杀了晋鄙，打败了秦兵，保存了赵国，这对赵国是大恩德。现在，赵王亲自到郊外迎接你，你很快就会见到赵王了，希望你把救赵王的事忘掉吧！”信陵君说：“你说得对，我会听从你的教诲。”

果然，信陵君见到赵王之后丝毫不以赵国的恩人自居，而是对赵王特别尊敬，还谦卑地向赵王行礼。正因如此赵孝成王对信陵君也越发佩服起来。

信陵君所立下的功劳不可谓不大，但他还是处处小心，从不居功。在信陵君看来，那些功绩不但不是安身立命的根本，反而是侵害他的毒药。像信陵君那样的有德之士还处处小心，作为普通人的我们难道不应该时时刻刻检讨自己，并且提醒自己谦逊处世，谨言慎行吗？

第十章　长而不宰

原典

载营魄抱一①，能无离乎？抟气②致③柔，能如婴儿乎？涤除玄鉴，能无疵乎？爱民治国，能无为乎？天门开阖，能无雌④乎？明白四达，能无知⑤乎？生之畜⑥之，生而不有，为而不恃，长而不宰，是谓玄德。

注释

①抱一：合一。这里指形神合一。

②气：精气。

③致：达到。

④雌：宁静。

⑤知：通智，意为心机。

⑥畜：这里是养育之意。

译文

神形合一，能不分离吗？聚集精气所达到的柔和，能像婴儿一样吗？去除杂念深入内心，能毫无瑕疵吗？爱民治国能够做到无为吗？感官接触外界之后，还能保持内心的宁静吗？拥有一颗通达之心后，能做到不利用聪明才智吗？能够做到让万物自然生长，不将它们占为己有，作为万物之首而不去主宰或控制它们，这才是真正的“玄德”。

解析

宋朝有个驼子，没人知道他的真名，于是人们都叫他郭橐驼。这个人虽然身体有残疾，但是非常会种树，他种的树人们都争相抢购，因为他种的树，移植走的没有不活的，而且枝繁叶茂，结的果子又早熟又好吃。其他种树的人常常偷偷看他种树，模仿他的行为，但是没有谁能赶得上他。

有人问他种树的秘诀，他说：“我并不能使树木活得长久而且繁茂，只是能够顺应树木的自然生长规律，使它按照自己的本性成长罢了。凡是按树木的本性种植，树根要舒展，培土要均匀，土要用原有的，捣土要结实。已经这样做了之后，不要再动它，不要再担心它，离开后就不要再看它。在种树时，就要像对待子女一样精心，如果种下了，要像丢弃了一样不管不顾，那么树木就可以保全，而它的本性就不会丧失了。所以我只是不妨害它的生长罢了，并不是有能力使它高大茂盛；只是不抑制、损耗它的果实的成熟过程，并不是有能力使果实结得又早又多。其他种树的人就不是这样。他们种树，树根卷曲并且更换新土；他们给树培土不是过多就是不够。还有一些与此相反的人，爱它太情深，过于担心它。早晨看看，晚上摸摸，已经离开了还要回来看。更严重的是，用指甲划破树的皮来检验它是活是死，摇动树根来察看它栽得是松是实。这样树的本性就会一天天地丧失殆尽。虽说是爱它，其实是害它；虽说是担心它，其实是仇恨它。所以他们才赶不上我。”

郭橐驼种的树之所以好，并不是有特别的肥料或是什么秘诀的缘故，只是不干扰树的生长罢了。大自然赋予了树顽强的生命力，只要有泥土和水，树苗就能茁壮地长成大树。很多人不明白这个道理，偏偏要关心树的长势，每天抚摸它，还每天摇动它，虽然出发点是关爱，但是实际上是破坏了树的成长。种上树，便不要再干预树苗的成长了，依照自然规律，树会自己长大。自然界的道理和人类世界的道理是统一的，特别在乎的事情反而不容易完成，顺其自然往往能达到最好的效果。

老子说："为而生之畜之，生而不有，为而不恃，长而不宰，是谓玄德。"你要做的就是让这种事物产生，至于事物产生后就要让它依照自然规律成长好了。老子把这种德行称为"玄德"，也就是世界上最伟大的德行。

"道"能够产生万物，但是到产生万物之后并不拥有万物，从来不仰仗着自己是生产者而自恃己能，更不会让自己成为万物的主宰。早上太阳升起，新的一天就到来了，道并没有主宰太阳的升起和降落。我们现在知道地球围绕太阳转，月球围绕地球转，是因为万有引力的缘故，而不是有谁在操纵它们。正因为没有人为的操纵，所以它们才能始终按照既定的规则运行，否则四季不就全乱了吗？

一个有智慧的人，能够熟练运用"为而不恃"的原则达到自己想要的结果。

例如，长大成人的女儿回家特别晚，爸爸妈妈特别着急，如果女儿进门，父母就大声斥责，警告她以后不要这么晚回家，这样做有价值吗？绝大多数的时候都是没什么用的，谁愿意听老人无谓的唠叨和斥责呢？你也许会说："这是对女儿的爱。"没有哪个家长对女儿是不爱的，只是爱的表现形式有所不同罢了。

难道"爱"就能改变一切吗？恐怕并不尽然吧。爱固然能够改变一些什么，但是也只是在使用了合理的表达方式之后才能达到效果。表达自己的爱的最好的方法就是不要试图用爱去主宰女儿的行为，而是将自己放在一个平等的位置，默默守护女儿的成长，女儿自然慢慢长大，变得越来越懂事。

有一对父母在处理这种事情的办法十分值得我们学习。女儿很晚回家，父母焦急得睡不着觉，但是并不是不停地给孩子打电话，只是静静地坐在客厅等孩子回家。听到门铃响后，两个长辈的心才放了下来。这时候没有去给女儿开门，而是回到了卧室，等了一会儿父亲才出去给女儿开门。父亲没有训斥女儿，而是说："我倒没什么，只是你母亲非常担心你，不但因为担心而睡不着觉，而且还唉声叹气。"说完这话，便回屋睡觉了。

作为女儿听到这话能不反思自己的行为吗？只要是个稍稍懂点事的孩子都会反思。第二天，母亲找个机会单独和女儿说："我倒没什么，只是你父亲担心你，担心得不但睡不着觉还唉声叹气。"

这对父母是将自己的姿态摆得多低呀！正因如此，女儿才能从父母的话中体会出对自己浓浓的爱。经过这件事之后，女儿就算有天大的事也会按时回家，因为她不想让自己的父母为了自己而伤心难过。

真正的智者，从不依仗自己拥有的一切，而是以一种大智慧，引导事情达到自己需要的结果。郭橐驼对待树苗和父母对待女儿的做法看似不一样，实际原理是一样的，就是顺其自然。对待不同的事情，使用的方法必然不同，但是"顺其自然"的道理相同，其间的智慧，值得细细揣摩。

第十一章　无之以为用

原典

三十辐共一毂①，当其无，有车之用。埏埴以为器②，当其无，有器之用。凿户牖③以为室，当其无，有室之用。故有之以为利，无之以为用。

注释

①毂：车轮中心一块圆形的木头，用来穿插车条和连接车轴。

②器：指盛放东西的器具。

③牖：窗。

译文

三十根辐条都安装在一个车轴之上，轴心便有了空虚之处，车才能发挥其作用。用黏土制作器皿时，将中间掏空，这样器皿才能发挥其作用。建造房屋时开凿门窗，并使里面保持中空，房屋才能发挥其作用。因此，“有”和“无”都各有自己的作用。

解析

广大无边的土地，人所使用的不过是脚站立的一块地方罢了，即便是躺下，所占的土地也没有多少。正是脚下的土地支撑着人的身躯，所以脚下这块土地是有用的。但是也不能就说除了脚底下的这片土地其他土地就是没用的。

如果把除了脚底下这片土地以外的地方都挖掉，脚下的这块土地没了支持，也会垮掉。脚下这块地是有用的，其他的土地看似无用，实际上也是有用的，保持脚下的土地不塌陷就是其他土地的作用，这就是“无用”的用处。

生活中很多看似没用的东西，往往会被我们忽视掉，但是这“无用”的部分恰恰是有用的。有用和无用，并不是对立的，它们是一个整体。当看似有用的东西和其看似“无用”的部分结合起来，才能发挥事物的价值。

老子思想的可贵之处在于，往往从人们想不到的地方出发，巧妙地揭露出万事万物的本质。老子的观察非常细致，通过思考身边的事物得出了“有之以为利，无之以为用”的结论。他看到车的作用是运输，瓦罐的作用是放东西，屋子的作用是住人。这些东西之所能够实现其作用，并不是通过“有形”的东西实现的，而是由看不见、摸不到的“无”的部分实现的。

车轮的毂中间是空的，所以才能将辐条安装在上面。瓦罐中空的部分才能放置食物或其他一些东西，如果是实心的，那就是一块泥了。同样的道理，房子中间是空的才能住人，没人能够住在实心的房子里。

“有”固然是有用的，但是“无”才是真正实用的部分。生活用品和生产工具是这样，在人际关系和处理事情中同样不能忽视“无”的作用。如果说对于工具我们还可以忽视的话，那么对于生活中的“无用”忽视了却往往带来灾祸。

历史中许多例子就是忽视了“无用”的用处，才使强弱双方的地位转换，甚至改变了历史的进程。

大秦帝国末年，群雄并起，逐鹿天下。西楚霸王项羽凭借强大的武力一匡天下，建立了楚，并分封诸侯。虽然在分封诸侯的过程中，项羽并不公正，但是他认为凭借自己的武力，根本不可能有人敢忤逆自己的意思。

对封地最不满意的就是刘邦了。刘邦在推翻秦的过程中立下了汗马功劳，秦三世嬴子婴就是向刘邦投降的，从这个角度来说推翻秦朝统治的正是刘邦。但是项羽忌惮刘邦的功绩和实力，只把他分封到了偏僻穷苦的汉中地区。汉中盆地，四面环山，只有一条危险的栈道方便通行。

在项羽看来，只要将刘邦“发配”到汉中地区，必要时将栈道毁掉，刘邦就算是生出翅膀也飞不出连绵不绝的群山。

刘邦听从韩信的计策，为了迷惑项羽，索性将出山的道路——栈道烧毁了。项羽并不知道是刘邦故意为之，得到栈道被毁的消息之后，他非常高兴，认为自己的心腹大患已经是笼子里的鸟了。

刘邦之所以敢烧毁栈道并非想退出对天下的争夺，而是已经发现了走出大山的方法。为了继续迷惑项羽，刘邦命令大将樊哙重新修建五百里栈道。这可是一个非常浩大的工程。项羽陈兵栈道关口，以逸待劳，只要栈道修完，就可将刘邦打得片甲不留。

就在樊哙修建栈道的时候，刘邦和韩信已经率领着十万大军暗中走到了陈仓，崇山峻岭再也不能成为他的阻碍了。项羽没有预料到刘邦能在栈道之外走出汉中，结果被打了个措手不及，最终被刘邦逼得在乌江自刎。

在刘邦看来，看似拥有的栈道，却是没有什么实际用处的；而看似无用甚至是阻碍的数万大山，正可以隐藏自己的行踪，从而出其不意，这就是对“无用”的使用。

刘邦看透了无用的用处，所以才能成就帝业，中华民族也因此走向了一条完全不同的道路。平心而论，刘邦的实力和项羽差距非常大，但是，正因为刘邦利用了项羽忽视的力量才使得弱者变强。

无用并不需要担心，需要担心的是没有从无用中发现可用之处的智慧。拥有了智慧，即便是绝境，也能蹚出一条康庄大道。

第十二章　为腹不为目

原典

五色[①]令人目盲，五音令人耳聋，五味[②]令人口爽[③]，驰骋畋猎令人心发狂[④]，难得之货令人行妨。是以圣人为腹不为目，故去彼取此。

注释

①五色：黄色、红色、青色、白色、黑色五种颜色。

②五味：指酸、甜、苦、辣、咸五种味道。

③口爽：意思是味觉失灵。

④狂：狂乱、神志不清。

译文

五彩缤纷的世界使人头脑混乱；各种管乐之声使人听觉不敏；吃太多的山珍海味会使人味觉失灵；沉迷于狩猎使人神志不清；奇珍异宝引发人的贪欲，使人做出不道德的事。所以，人不应追求物欲和华而不实的虚名，而应过着安定知足的生活。

解析

如果看到的世界都是黑白色的，那又有什么意思呢？如果所有声音都没有了声调的变化，那又怎样表达情绪呢？如果失去了味觉，吃什么东西都没有味道，能够不痛苦吗？

上面的疑问很容易解答，没有人愿意失去味觉，没有人愿意失去听觉，更没有人愿意失去视觉。如果失去这些感觉就是得道的一部分的话，那么道就不会让人类拥有这些感觉。老子是一个有智慧的人，但是从史料上看，老子身体非常健全，并不是一个失去听觉、味觉、视觉的残疾人。可见老子并不是让我们不去看、不去听、不去吃东西，而是不要过分追求这些感官上的感受。过分追求感觉上的享受，一切的结果也就产生了。欲望是前进的动力，但是过分的欲望却是将人类引导向毁灭的。

老子还说："驰骋畋猎令人心发狂。"他真的是在否定打猎的价值吗？恐怕并不是这样。打猎是人类早期生活中的常态，是人类生存发展的必备技能。无数先贤为之歌颂吟咏，中国现存最早的二言诗描写的就是打猎的场景。这首诗的全文只有八个字："断竹，续竹。飞土，逐肉。"

"断竹，续竹"是制作弓箭的场景，将竹子砍断，用绳子将竹子的两段相连，一张弓就做成了。"飞土"意思是射击的动作，"逐肉"就是射杀猎物了。

和这首诗相应和的还有孔子，他将射箭列为"君子"必须熟练掌握的六种技能之一，可见古人没有否定打猎的意思。打猎非但不会破坏大自然的生态平衡，还能对大自然的物种起到积极的作用。弱小的动物，在打猎中丧生，优胜劣汰，剩下的就是强壮的了，所以说打猎是对自然环境有好处的。老子否定的是将打猎作为一种变态的乐趣，将看到的动物尽数猎杀，这就是对大自然的破坏了。

即便是好的东西，不加克制的索取，就会演变成恶的根源。所以顺应道，就要克制自己的欲望，将之牢牢地禁锢在可以控制的范围内。

商纣王在刚刚登基的时候，也算勤政爱民，虽然没有表现出一代英主的状态，可也算是一位明君。有一天，他在吃饭的时候忽然拿出一双象牙做的筷子，还得意地向群臣展示。这双筷子精致美观，大臣们纷纷表示赞赏。可是有位大臣却并不这么认为，反而认为这是祸乱国家的开始。这个人就是纣王的叔父箕子。

人们问他怎么看纣王的筷子，他说："我看到这双筷子，担心纣王不再向好的方向发展。"众人问他为什么这么觉得，他说："一双象牙的筷子，虽然精美可也值不了多少钱。但是使用了象牙的筷子，就不会再愿意使用瓦陶烧制的饭碗菜碟，一定要将象牙筷子配上玉石雕琢的碗碟。使用精美的餐具后，就不会满足粗茶淡饭，他必然要在这样的碗碟里装上旄牛、大象、金钱豹的胎来吃才感到有味。吃上满足之后，就不会再愿意穿麻布的衣服，更不会愿意住在低矮的房子里。如此长久下去，他就会奢靡起来。人们会对他不满，他就要镇压，如此一来，乱国也不是不可能。"满朝文武听后都不以为然，还纷纷嘲笑箕子。

果然，没几年，纣王宠幸美女妲己，还建了酒池肉林，供自己玩乐。为了镇压反对他的人，甚至发明了炮烙的酷刑。纣王的荒淫残暴，激起了天下人的反对，最后被武王夺取了天下，自己也在鹿台上被烧死了。

纣王的故事，历朝历代都被作为皇帝的教育材料，对帝王最大的侮辱就是骂他是纣王了，可见纣王的残暴。在刚刚登基时，纣王也是勤政爱民的，但是一双象牙的筷子勾起了他对奢华生活的欲望。欲望不断被满足，同时新的欲望也在产生，最终让自己葬身在欲望之中。

大自然对人类的容忍是有限度的，如果不懂得控制自己的欲望，离被抛弃也就不远了。

第十三章　宠辱不惊

原典

宠辱[1]若惊，贵[2]大患若身。何谓宠辱若惊？宠为下，得之若惊，失之若惊，是谓宠辱若惊。何谓贵大患若身？吾所以有大患者，为吾有身。及吾无身，吾有何患？故贵以身为天下，若可寄[3]天下；爱以身为天下，若可托天下。

注释

①宠辱：宠，得宠；辱，耻辱。

②贵：重视、珍爱。

③寄：托付、交给。

译文

无论得宠还是受辱，都会令人忧心忡忡，把大的灾难和自己的性命视为等同。为什么说这两者都会使人忧心忡忡、担惊受怕呢？因为当一个地位卑微之人突然得宠时，其内心便会感到惶恐不安，总是担心有朝一日会失宠，所以才会说宠辱都会使人内心惶恐、担惊受怕。为什么说人把灾难和自己的身体视为等同呢？我之所以会有灾难，正是因为我有身体，否则也不会有灾难找上我吧？因此，如果一个人能忘掉这些而专心去治理天下，那么才能将天下托付给他；像爱自己的身体一样去爱护百姓，才能将这个重担交给他。

解析

常人对于自身的荣辱毁誉是非常重视的，有人侮辱自己就像遇到非常大的灾难一样，而有人赞赏自己，则高兴地要跳起来，甚至有人将荣辱看得比自己的生命还重要。如果是为了顺应自然法则、坚守道义，献出自己的生命也无可厚非，但是为了功名利禄和个人的荣华富贵那就显得可笑了。

人在社会里，免不了和不同的人打交道，肯定会面对别人对自己各种各样的评价。当然不能忽视别人对自己提出的意见，但是什么意见都听，以别人的好恶为好恶，那么就会在别人的批评或赞许中失去自我。

在老子看来，对待得宠和侮辱之所以惊慌失措，是因为太重视自己利益的缘故。人们都希望得到更多，而恐惧失去。当受到赞扬的时候，就认为是得到了；而受到侮辱则认为是一种失去。看似是对自己有好处的，但事实并不是这样。

老子说："吾所以有大患者，为吾有身。及吾无身，吾有何患?"把身体当成一己私有的东西，自然害怕失去，如果把自己放在"道"的角度看，这副皮囊不过是大自然借给你的罢了。如果不把自己当作私有的看待，而是将自己当作大自然的一部分，之所以我是我只是自然规律的运转决定的罢了。

老子关于自我的思想，一点也不消极，相反老子思想里将自己放到了一个相当高的程度。如果能够将自己有限的生命，投身到理想的事业中去，让自己的身体和自己的理想融为一体，那么所有个人的荣辱也就没有什么价值了。

韩信很小的时候，他的父母就都死去了，无依无靠的韩信只能通过钓鱼来换点零钱维持自己的生活。长大成人的韩信，没有像很多人那样，找一份安稳的工作，那样起码衣食可以保障。为此，长得高大魁梧的韩信受尽了白眼，在人们眼里他简直是不学无术的代表了。

真实情况是，韩信虽然没有工作，但是并没有停止学习。不工作，只是为了有更多的时间来思考罢了，其代价就是经常饿肚子。有个漂洗丝绵的老妇人看韩信可怜，经常周济他，才使得韩信没有饿死。他这人还非常特立独行，常常背着一把长剑，到处游荡，正因如此才为他招来了灾祸。

一些恶少是以欺负人为乐的，见韩信形单影只，便想欺负他。有个屠夫对韩信说："见你长得又高有壮，还喜欢背着一把剑，其实你就是一个胆小怯懦的人。你敢用你的剑来刺杀我吗？如果不敢就从我的裤裆下钻过去。"

韩信什么话都没说，俯下身去，从屠夫的裤裆下钻过去了，周围的人都哈哈大笑。韩信年轻时的这段故事，在史书上被称为"胯下之辱"。

他真的是害怕他们吗？恐怕不是。从韩信后来的行事看，他勇猛非常，绝不是胆小怕事之辈。只是在韩信看来，和他们起冲突是一件完全没有必要的事。韩信每天学习思考的是带兵打仗平定天下的本领，对于他来说，自己注定要封王拜候的，和一群市井无赖根本不是一个世界的人。

韩信已经不把自己的身体当成自己的了，而是当成了自己理想的载体。将身体和天下合而为一，那么也就没有荣辱可言了。

第十四章 以知古始

原典

视之不见名曰夷①，听之不闻名曰希②，搏之不得名曰微③。此三者不可致诘，故混而为一。其上不皦④，其下不昧⑤，绳绳兮不可名，复归于无物。是谓无状之状，无物之象，是谓惚恍。迎⑥之不见其首，随之不见其后。执古之道，以御今之有。能知古始，是谓道纪。

注释

①夷：无色。

②希：无声。

③微：无形。

④皦：明亮。

⑤昧：黑暗。

⑥迎：向前。

译文

看它却看不见，叫作夷；听它却听不到，叫作希；摸它却摸不到，叫作微。我们无法将这三者区分开来，所以将它们混而为一。它外表不明亮，内部也不黑暗。它无头无尾，难以用语言说明，所以便将它归为虚无的状态。这就叫没有形状的形状，没有形象的形象，可以将其称之为恍惚。迎着它，看不见它的开端；跟着它，看不见它的末尾，只能用早已存在的道来驾驭这一切。能够了解宇宙之源头，这就是道的规律。

解析

上一章，老子讲述了“贵身”的道理，放弃私利，将自身、理想和大自然融合起来，才能达到“道”的境界。这章讲的是道体，也就是讲“道”以什么样的方式而存在的。世间的万事万物不同，并不能被我们的触觉器官所感知，但是道又无处不在、绵绵不绝，在方方面面维护着这个世界的运行。只有真正的智者才能穿透重重迷雾，掌握道的运行规律，从而无往不利。

道没有形状，没有颜色，更没有声音，他超越了人类一切感知器官能够感知的范围。有人会说，既然“道”不能被人所感知，那么怎么证明“道”是存在的呢？一块石头飞过，在石头的飞行过程中就体现了道；春天万物滋生，在小草的生长中也体现了道；甚至人类社会的发展和历史的流淌中都体现出了道。正因为“道”无时无刻不发挥着自己的作用，“道”是实际存在的。

神仙是否存在，是不能证明的事情，而“道”的存在，却是无时无刻不在自我证明着。我们不能感觉到的东西，并不代表不存在，而我们感觉到的东西，也并不是事情的全部。

楚庄王是春秋时期楚国最有成就的君主，春秋五霸之一。然而在他之前，楚国一直被排除在中原文化之外，在天下诸国中地位并不高。在其即位之初，楚国朝政混乱，内部势力的斗争非常尖锐，稍有不慎就有可能让楚国陷入万劫不复的境地。

楚庄王少年即位，几乎没有什么威信可言，朝中豪强谁会听一个毛头小子的话呢？楚庄王索性每天打猎喝酒，不理政务，国家的权柄都被豪族掌握着。非但如此，他还不许群臣进谏，在宫殿门口立了一块大牌子："进谏者，杀无赦。"

面对楚国的内忧外患，忠心耿耿的大臣们心急如焚，但又束手无策。那些把持朝政的豪族乐得楚庄王如此，还千方百计地引诱庄王玩乐。登基三年后，楚庄王依旧花天酒地，楚国的局势更加混乱了。

有一天，楚国大夫伍举进谏楚庄王。只见楚庄王一手拿着酒杯，一手拿着鹿肉，醉醺醺地观赏美姬跳舞。伍举不由地悲愤不已。庄王居然还说："大夫到我这里，是想喝酒还是想观赏歌舞呢？这鹿肉也非常不错。"伍举忍不住道："今天我来是有事情的。有人给我出了个谜语，我怎么也猜不到，所以来求教大王。"庄王道："什么谜语呀，居然连你都猜不出来？"伍举说："谜语是，楚京有大鸟，栖上在朝堂，历时三年整，不鸣亦不翔。令人好难解，到底为哪桩？您说这是什么鸟呀，居然三年不鸣也不翔？"

伍举这是话里有话，分明是说庄王登基三年无所作为，只是吃喝玩乐。楚庄王听后，沉思不已，然后说："这只鸟绝不一般，三年不飞，必定一飞冲天；三年不鸣，毕竟一鸣惊人。"听到这样的答案，伍举很高兴，只要庄王振作起来，楚国也就能脱离混乱了。

把持朝政的豪门知道了他们的对话，非常担心，他们的权势是建立在庄王的不作为基础上的，如果庄王振作，首先就要拿他们开刀。可是过了几个月，庄王丝毫没有振作的样子，没有像大鸟一样一飞冲天，也没有一鸣惊人。最高兴的就是朝中那些奸臣了，忠臣们却愁眉苦脸起来。

楚国大夫苏从终于忍受不了了，决定去面见楚庄王。苏从向楚庄王大哭道："我自己要死了，楚国也要灭亡了，所以我很伤心。"楚王不解道："先生怎么说这种话呢?”苏从说：“我要向您进谏，您肯定要杀了我。你整天喝酒玩乐，楚国的灭亡已经不远了。”楚庄王道：“我就让你看看什么是一飞冲天，一鸣惊人。”随后解散了乐队和美姬，下命令将平时专权误国的人逮捕。在楚庄王的治理下，楚国蒸蒸日上，终成春秋时期一代霸主。

楚庄王在刚刚登基的时候，故意隐藏实力麻痹敌人，才有后来如此干净快速地解决掉国家的祸患。楚庄王将自己的雄心壮志隐藏了起来，就像“道”隐藏在万事万物中那样让人不可捉摸。但是如果认为隐藏的东西没有能力那就大错特错了，“道”瞬息万变，待机而动，在合适的时候就能展现出自己的威力。

第十五章　善为道者

原典

古之善为道者①，微妙玄通②，深不可识。夫唯不可识，故强为之容：豫兮若冬涉川；犹兮若畏四邻；俨兮其若客；涣兮其若凌释③；敦兮其若朴；旷兮其若谷；混兮其若浊；孰④能浊以静之徐⑤清？孰能安以动之徐生？保此道者不欲盈。夫唯不盈，故能蔽而新成。

注释

①善为道者：善用于道的人。

②玄通：通达。

③凌释：指冰融化。

④孰：谁，哪一个。

⑤徐：渐渐。

译文

善于用“道”的古人，微妙通达，深不可测，常人一般不能理解他们。正因为如此，所以只能用一些浅显的词汇来形容他们：细致谨慎如冬天蹚水过河；警觉如害怕邻国来进攻；恭敬严肃如赴宴做客；行动洒脱如渐渐融化的冰块；纯朴厚道如未经雕琢的材料；豁达如空旷的山谷；浑厚如浑浊的河水。谁能在这浊流中静止下来，渐渐澄清？谁能变静为动，使之出现生机？遵循“道”的人不会自满。正因为如此，所以才能除旧迎新。

解析

老子在这一章中，描写了理想中有道之人的形态。道是不容易被看透的，所以有道之人具有非凡的智慧；他们的思想深邃所以不容易被世人所理解，所以对有道之士的描述也显得非常困难。

大道虽然没有停止过运行，但是微妙的特性使之没有任何形象可言，更是无迹可寻。虽然它看不见、摸不到，但是世界的运行全部依仗道的规律。一旦道消失了，不但人类不复存在，整个世界也将彻底消失。自然界的运行离不开道的存在，人类的生活也离不开道。或许并不是所有人都意识到我们的言行中包含着“道”的德行，但是只要偏离道的话，我们就会受到“道”的惩罚。

人类并不是世界的主宰，更没有能力主宰这个世界。但是人类的狂妄自大和肆意妄为是能够将这个世界破坏掉的。有道的人却能够和自然界和谐共处，不会因一时的利益，埋葬整个民族的未来。作为一个普通人，并非完全没有有道之士的品德，只是一时被隐藏起来了。打破名利的束缚，我们每个人都会成为有道之士。

在老子看来，有道的人，拥有七种品德。这七种品德只是有道之士的冰山一角，但是拥有这些许一角，从小处说可以建功立业，从大处说就可以和道融为一体了，自在无碍了。

1.“豫兮若冬涉川”。虽然冬天河面上结了一层冰，但是并不牢固，说不定什么地方就会出现一个冰洞，甚至有全面坍塌的危险。在冰上行走需要万分小心，有经验的老人会告诉后辈过冰河时要横拿着一根棍子，以防掉到河里。为人要处处小心谨慎，就像冬天过冰河一样。这是因为道是不断变化的，灾难和喜乐到来的同样突然。如果没有足够的警惕心，很可能葬送在未知的灾难里。

2. “犹兮若畏四邻”。中国兵法哲学里，进攻是放到次要地位的，防御才是最重要的。害人之心不可有，防人之心不可无。危险无处不在，只有提高自己的警惕才能从容自在。但是这并不是将所有人当作自己的敌人，而是以一种理性的视角分析周围的动态。

3. “俨兮其若客”。在这个世界上，我们并不拥有什么。一切的一切都是“道”的显现。当死亡降临，肉体和精神同时与自然界合二为一的时候，一切的占有将显得十分可笑。我们都是这个世界的客人，这个世界不是我们的私有，绝不能肆意妄为。

4. “涣兮其若凌释”。春天的阳光重新热烈，坚硬的冰也渐渐消融。这给人一幅温暖和充满希望的画面。有道之士，不但善于从安逸中看到灾难，还能从苦难中带来希望。

5. “敦兮其若朴”。聪明人不会显现出特别的样子，就像没有雕琢过的素材一样，可以任你雕琢。同样可以理解成善为士者可以在任何环境下按照需要改变自己的形态，这种极强的适应性使他们在处理事情中无往不利。

6. “旷兮其若谷”。包容是一项非常重要的品德，只有懂得包容的人才能拥有广博的学识和高深的智慧。正因其广大，山谷才能形成一个生态系统。懂得包容的人，必定走得更远。

7. “混兮其若浊”。有道之士的内在是清澈透明的，但是并不会将这种清澈显现出来，而是以一种浑浊的面目出现在世人眼中。你不会觉得这个人特立独行，只是觉得就是一个普通人，所谓大智若愚，就是形容这种人的。他们的浑浊并不是同流合污，也不是蝇营狗苟。因为有道之士知道，这个世界自有其运行规律。

懂得这些道理的人不会自满，因为他们的智慧来源是道的流转和运动，只有保持一颗空虚寂寥的心，才能保持道心永恒。

第十六章　没身不殆

原典

至虚极[①]，守静笃；万物并作[②]，吾以观复。夫物芸芸，各复归其根。归根曰静，是谓复命。复命曰常，知常曰明。不知常，妄作凶[③]。知常容，容乃公，公乃全，全乃天，天乃道，道乃久[④]，没身不殆。

注释

①至虚极：内心空虚至极。

②作：生长，发展。

③凶：这里指灾祸。

④久：永久、永恒。

译文

使内心的空虚达到极致，保持内心宁静如一。我在自然万物的生长过程中去观察它们往复的规律。万物都回归到最原始的状态，这种最原始的状态叫作静，静叫作回归于原本的生命。这种回归的过程就是大自然的规律，明白了这种规律叫作明。若不了解这种规律，往往会因轻举妄动给自己招来灾祸。明白自然规律的人就会包容一切，然后做到大公无私，大公无私的人可以成为君王，君王应该遵循天理法则，这样才符合得道的标准。得道之后便能长久，使自己终身无灾无祸。

解析

南宋学者范应元在注释《道德经》中说“致虚、守静，非谓绝物离人也。万物无足以挠吾本心者，此真所谓虚极、静笃也。”万事万物没有能够触动我自在清静之心的，这样的境界才是“致虚极，守静笃”。常人很难做到心如止水，但是我们可以做到尽量少被欲望所左右。人的欲望是社会发展和进步的动力，但也是一切邪恶产生的根源。所以节制欲望是社会和谐发展的保障。

况且只有保持内心的安静，不让欲望蒙蔽眼睛才能认识事物的真相。老子提出了一个“观”字，被欲望蒙蔽的心是没有办法以一个客观的心态“观”这个世界的。天地万物依照“道”的运转而发生并成长，并且循环往复，守静之人自然能默默地注视着这个世界变化。

宇宙是动的，一切都在变化之中。宇宙的变化并非是随机的，其中包含着种种规律，也就是说在这变化中有“常”，“常”在老子的语境里可以理解为变化的规律。老子认为世界的变化是反复的，也就是说当事物运行到一定极限后会走向反面。春天万物滋长，夏天草木繁盛，秋季结实，冬天就要重归寂静了。如果说春天是开始，秋天是极致，冬天就走向了反面。世间万物有始必有终，如果这种反复的轮转被破坏，那么就会产生灾祸。

只有真正的智者才能够看清万事万物的规律，一颗充满欲望的心是很难摆脱羁绊向大道进发的。

刚出生的孩子的欲望很简单，只有对事物的渴望。只要满足了其基本的生存需要，他就不会哭闹。孩子渐渐长大，见识到了这个世界形形色色的事物，渐渐地单纯吃饱已经满足不了孩子了。吃过糖的孩子不会再对平淡的食物感兴趣，穿过好衣服就不会愿意穿相对差些的衣服，人与人之间的攀比也在成长中形成了。欲望渐渐成了成长的主题，刚上学，孩子们又被引导出了对分数的渴望。

司马迁说："天下熙熙，皆为利来；天下攘攘，皆为利往。"人们的双眼已经被利益的欲望所蒙蔽了，甚至为了这种欲望，罔顾"道"运行的规律，最终酿出了恶果。

塑料现在是我们生活中的必需品，这种物质的发明为我们提供了更加便捷的生活。塑料产品充斥着我们生活的空间，甚至可以说它是人类历史上革命性的产品之一。这种产品的发现是偶然的，然而人们对更美好生活的欲望则是推动这种物质走向千家万户的动力。但是塑料虽很容易被制造出来，却很难被降解。

塑料制品造成的白色污染已经成为世界性的难题，如今这个难题仍未被解决。处理这些白色垃圾，各国使用的方法并没有什么区别，只能挖坑填埋或高温焚烧。这两种办法都对环境有着巨大的破坏作用，塑料袋埋在地里需要200年以上才能腐烂，并且严重污染土壤；而焚烧所产生的有害烟尘和有毒气体，同样会对大气环境造成污染。

塑料就是人类欲望不加克制，没有依照"道"的运行法则行事而造就的。急功近利的心态蒙蔽了人类的双眼，我们极其迫切地对自然界索取，丝毫不顾可能造成的后果。安守一颗宁静的心，静静观看和思考"道"的运行法则，就能够避免类似的事情发生。

第十七章　谓我自然

原典

太上[1]，不知有之；其次，亲而誉[2]之；其次，畏之；其次，侮[3]之。信不足焉，有不信焉。悠兮，其贵言。功成事遂，百姓皆谓我自然。

注释

①太上：最好的、最理想的。

②誉：赞美。

③侮：侮辱。

译文

做君王的最高境界，是人民不知道他的存在；其次是人民与他亲近并赞美他；再次之是人民惧怕他；最差的就是人民暗中侮辱他。作为国君，若威信不足，人民必然不信任他。最好的君王与人民相处融洽，且从不随便下达命令。待事情成功之后，人们就会认为：我们原本就是如此。

解析

管理是一种精妙的艺术，自古即今无数大智慧的人都在思考什么样的管理才能达到最佳效果。中国古人有一种特殊的哲学思考方法，就是将宇宙的运行规律放到人类社会里，依照自然法则管理人民。

在老子眼里，这个世界是繁荣且昌盛的，“道”创造了这个繁荣昌盛的世界，并守护其运行。人类社会要想繁荣昌盛就要向“道”来学习。道滋养万物，却很少有人意识到它的存在。我们只能感受到规则的运转，而很难抓住这种规则。最好的统治者就要向“道”学习，人民只知道它的存在，它并不会影响人们的生产、休憩。人民在不受影响的情况下，春种秋收，富足的生活也就实现了。

相比“太上”，差点的统治者则会彰显自己的存在。通过制定一系列优秀的政策或许也能够获得一些好的效果，人民便会爱戴这样的人。但是这种爱戴和“作为”都是没有必要的，或许在制定政策的时候一心为民众着想，并给予了民众一定的自由，也达到了一定的效果，其成绩不可否定。但是流于形式就和“太上”相比落于下乘。

更次一等的统治者，并非无所作为，他们也是成就了一番功业的。但是他们的出发点并不是以人为本，而是希望集合人民的力量达到某些自己的目的。这种统治者自认为高高在上，通过武力让民众畏惧，驱使民众做他们不希望做的事。这种人或许建功立业，开疆拓土，但是一将功成万骨枯，对民众又有什么好处呢?

最差的统治者，则不将人民当作同胞看待，而是看作自己的附庸者，认为他们是依靠自己的力量才能够生存的，所以对民众肆意侮辱。民众在谈及这种人的时候，充满了憎恨和不满。这类统治者给人民带来了深重的灾难，使人们生活在水深火热之中。只要有合适的机会，人们就会爆发出力量将其打倒。

或许成为“太上”一样的领导者是非常困难的，但并非没有途径可寻。成为次一等的领导者，也是值得骄傲的事，毕竟一心为了大家，不会肆意妄为。

无论是“太上”还是次一等的统治者，都不会频繁地发布政令，因为他们知道不合时宜的政令不但不会起到帮助，反而会破坏民众的生产。有的地方的统治者早上天还没亮就敲锣，让民众去田里耕种，晚上又鸣金叫民众回家。民众对此苦不堪言。最懂农时的并不是统治者，而是世代耕田的农民，不需要统治者指挥，民众自然知道何时劳作、何时休息。统治者也是一肚子苦水，认为自己兢兢业业，一心为了民众着想，反而得到许多抱怨。这就是统治者妄下政令的缘故。

一些无用甚至对民众有害的政令，是会破坏统治者信誉的。所以聪明的统治者，从不轻易发号施令。一旦发布命令，就要将前因后果全部考虑清楚，即便不能带给民众好处，也绝不能太过劳烦民众，使之对统治者失去信心。

一个优秀的统治者必须掌握事情发展的规律，并在适当的时候给予推动。最好不要在发布命令时有太多的主观意愿。这样在取得成绩的时候，人们都会说这是自然而然的事情，并不是某个人的功劳。

第十八章　大道废，有仁义

原典

大道废，有仁义；慧智出，有大伪[1]；六亲[2]不和，有孝慈；国家昏乱[3]，有忠臣。

注释

①伪：虚伪、欺诈。

②六亲：指父、子、兄、弟、夫、妻。

③乱：没有秩序。

译文

大道被废后，才有“仁义”之说。人们懂得运用聪明才智后，才有了虚伪和欺骗。一家人不和睦了，才会提倡父慈子孝。国家动荡不安，才会出现忠臣。

解析

“道”的运行自有其规律，在人类出现之前，地球便是一片繁荣景象。然而道是流转变动的，物种的繁荣也并非一成不变。茂密的森林是生命的乐园，但是道并没有给予特别的眷顾，不知什么时候就会有一场森林大火将数座大山的树木毁于一旦。但是这对森林来说，并不是终结，道给大地留下了植物的种子和生命的基因。不久之后，鲜花会重新铺满大地，树木会重新直插苍穹。各种各样的动物从各自的藏身之地涌出来，又是一片繁荣昌盛的景象。

道没有善恶之别，其创造即是毁灭，毁灭又何尝不是创造。人类的出现在这片大地上是个异数。在人类出现之前，这个世界所有的生物都依靠本能出生、存活。人类将生物的智慧推向了极致，创造了无与伦比的灿烂文明。人类如此聪明，人类创造的社会关系是如此的复杂。于是，人类开始狂妄自大起来，忘记了自己的来源，也忘记了理应遵守的法则。狂妄自大的人类目空一切，甚至有些人企图以一己之力掌控这个世界。惊讶的是，有的人居然成功了，他站在了所有人的上方，俯视天下苍生。人类的智慧和权力已经不能满足他的时候，他便开始寻仙访道，企图突破“道”的法则成就长生不老之躯。

中国历史上追求长生的皇帝不胜枚举，最有名的可以说是秦始皇和明嘉靖帝了。秦始皇派遣徐福率领庞大船队向海外寻访长生不老药的故事人尽皆知。结果五十多岁的秦始皇却死在了外出巡查的路上。建造的华美宫殿也在起义军的破坏下成了一片焦土。嘉靖皇帝数十年时间闭门修仙，最终死在了丹药之下。可见即便拥有大量资源的皇帝也不能违背“道”的运行法则。一旦当出现违背道的事情出现后，道就会自行改变自己的运行状态，努力修复出现的问题。

“道”的恒运动性使它可以在一定程度上挽救出现危机的事物，这种特性不但在自然界，在人类社会同样起着作用。皇帝求长生是不可能的。同样社会混乱的时候，“道”也将彰显出自己的力量，挽救这个社会。

当人类社会“大道”被废弃的时候，仁义的概念就出现，仁义的出现避免了社会陷入无休止的战乱；当兄弟父子等亲人之间的关系出现裂痕，孝慈的概念就出现了，孝慈使亲人之间重新认识到彼此的重要；国家混乱的时候，忠臣的出现给了这个国家一次重新崛起的机会。

道不会让自然界彻底陷入绝境，也不会让人类社会彻底陷入绝境。当灾难降临时候，必定有相应的机会来挽救。但是能不能抓住机会，这是我们人类需要考虑的问题了。

人类的发展几乎占据了地球的所有资源，如果资源耗尽，人类也将陷入永恒的灾难，甚至像历史上其他物种那样彻底灭绝。但是即便如此，道仍旧没有放弃我们，细心地寻找，总能找到解决困难的方法。

第十九章　见素抱朴

原典

绝[①]圣弃智，民利[②]百倍；绝仁弃义，民复[③]孝慈；绝巧弃利，盗贼无有。此三者[④]以为文不足，故令有所属[⑤]：见[⑥]素抱朴，少私寡欲。

注释

①绝：抛弃、断绝。

②利：指好处、利益。

③复：回复。

④此三者：指圣智、仁义、巧利。

⑤属：归属。

⑥见：通“现”。

译文

抛弃那些小聪明，人民得到的好处将是原来的百倍。抛弃仁义，人民就能像从前一样孝慈。抛弃技巧和私利，盗贼便会消失。圣智、仁义、巧利这三者虽然能治标，但却不能治本。所以，要让人民的心有所归属：保持淳朴敦厚，减少私欲，抛弃世俗礼法，如此才能无忧无患。

解析

老子说“绝圣弃智”、“绝仁弃义”、“绝巧弃利”，难道真是抛弃智慧、丢弃仁义、舍弃技巧吗？如果没有智慧，那么人类和其他动物有什么区别；如果抛弃仁义，那么世界不会陷入动乱吗？如果没有了技巧，那么我们的生活水平定然会下降。人类之所以是人类，因为我们拥有无与伦比的智慧。“道”赋予我们的智慧并不是一件坏的东西，如果智慧是坏的，那么“道”为什么还将之赋予我们呢？老子在后文中说：“域中有四大，而人居其一焉。”可见老子并不认为人类是“道”创造的失败品，智慧是非常有价值的。

智慧并不是坏的事情，但是将智慧用于不该用的地方，才会出现种种无妄之灾；而且如果太过看重“道”赋予我们的智慧，企图凭借自身的智慧就能完成所有的事，显然是狂妄而不现实的。智慧的存在能让我们更好地理解“道”的属性和规律，而不是用之矫饰欺诈。

河上公说：“五帝垂象，仓颉作书，不如三皇结绳之文。”上古五帝是有德的君主，他们依照天地的现象制定了种种规则，是有道的明君。仓颉更是文字的创造者，我们现在使用的汉字的造字方法就是仓颉发明的，也可称得上圣人了。但是无论是上古五帝还是仓颉与上古三皇比起来还是有一定差距的。在中国现有的历史记载中，华夏大地最好的统治者就是三皇了。三皇时期还是原始社会，我们还没有文字，也没有法律条文。为了记录所获猎物数目和其他事情，古人发明了结绳记事的方法。就是用一根绳子，在绳子上打结。不同大小的绳结和不同密度的绳结代表的意思不同，以此来记录。这种方法虽然效率很低，但是人们安居乐业，生活幸福美满，是真正的大同社会。后世的五帝和仓颉利用了人类的智慧，使用了更巧妙的方法来治理人民，但是为什么反而不如三皇呢？

人类智慧的创造性使生活越来越富足，可分配的财富越来越多，贪念就在我们的观念中形成了。强大有力者或是一些特别聪明的人，仰仗自己的力量获得了更多的财富。这些人为了保持对财物的占有，建立了一套等级森严的制度，虽然生活更加富足了，但是人与人之间的平等关系被打破了。所以，虽然五帝时期的物质生活更加丰富，但是人们感觉不如原来和谐了。

为了应对出现的问题，老子突出了解决之道："见素抱朴，少私寡欲。"

欲望是和智慧相伴而生的，顺应道的人懂得用智慧来限制欲望的产生。如果按照智慧越发展越不如前代的观点，那么推导出来的结果就是现代社会不如封建社会和奴隶社会。但是我们可以看到，道虽然现在仍有不公平的存在，但是相比以前已经好多了。政治上权力的相互制约，使得个人的私欲没有了肆意妄为的基础。经济上信息的发达，使得囤积居奇、超高价吮吸民众鲜血的无良者，没有了立足之地。

道在发展之中，社会也在发展之中。合理地使用智慧，我们的生活一定会变得越来越好。

第二十章　贵食母

原典

唯之与阿，相去几何？善之与恶，相去若何？人之所畏，不可不畏。荒兮，其未央①哉！众人熙熙，如享太牢②，如春登台。我独泊兮，其未兆，如婴儿之未孩③；儽儽兮，若无所归。众人皆有余，而我独若遗④。我愚人之心也哉！俗人昭昭，我独昏昏。俗人察察，我独闷闷。澹兮其若海，飘兮若无止。众人皆有以，而我独顽似鄙⑤。我独异于人，而贵食母。

注释

①央：指尽头。

②太牢：原意是祭祀用的牛、羊、猪。这里指宴席非常丰盛。

③孩：这里指婴儿的笑声。

④遗：缺少、匮乏之意。

⑤鄙：指粗俗、没有见识。

译文

恭维与怠慢，两者相差多少？善与恶之间有什么差别？大家都害怕的东西，不能不畏惧。遥远得像是没有尽头。喧闹的人们好像要赶去赴宴，又好像在明媚的春光里登高眺望，唯独我生性淡泊，对这些都无动于衷。混沌如婴儿还未学会发笑，疲惫却又不知道去哪儿。大家的生活都很富足，只有我经常物质匮乏，看来我只有一颗愚笨之心。大家都活得内心清明，只有我整天迷迷糊糊、浑浑噩噩地过日子。大家都活得严厉苛刻，只有我这样淳厚宽宏。现在的我就像大海一样到处漂泊，没有可以驻足停留的地方。大家都精明能干，只有我愚蠢笨拙。而我唯一与世人不同的，就是我得了“道”。

解析

清代著名的文学家蒲松龄，一生科举失意，并非其学识不够，而是其思想太过尖锐的缘故。他在科举的乡试中写过一篇名为《早起》的八股文，蒲松龄说：“我曾经观察过那些追逐富贵的人，君子追求金榜题名，小人追求蝇头小利。至于那些本身并不富贵、但是经常迫不及待地守在富贵人家门前的，也大有人在。而对功名不感兴趣的，只有那些深闺的女子，她们才可以悠然自在地睡个懒觉，不去追名逐利。”

蒲松龄一眼看穿了普通人的本性，每天早起为名，晚睡为利，起早贪黑不过为了满足自己的欲望。这样的人或许得了利非常高兴，但是失去什么的话就会觉得非常痛苦。他们把得与失看得太重了，反而得不到真正的快乐。只要像老子一样将眼前名利的迷雾拨开，以虔诚的心态向“道”来学习，才能不受灾祸。

老子在这一章里将自己所思所行和平常人做了对比，提出了“贵食母”观点。这一章也可看作是老子的独白，老子通过对比将自己的思想和行为做了一次系统的总结。

老子看到别人高兴的样子，并没有觉得多么高兴，而是像婴儿一样无喜无悲。

普通人参加丰盛的宴席必是非常高兴的，因为美味的食物能够满足人们的欲望。但是如果经常吃美味的食物，那么再美味的食物也吃不出感觉来了，因为他就想着吃更美味的食物。即便人间的美食全部品尝过，普通人也不会被满足，而是想吃传说中的龙肝凤髓。欲望被满足所以快乐，如果本来就没有对美食的欲望，那么无论多么美味的食物都不会使其高兴。老子就是这样一个将自己欲望压缩到最低的人。

他列举了普通人“登春台”的例子。经历了一冬寒冷和寂寥的人们，渴望明媚的阳光与和谐的春风，三两友人，相携相伴，登高望远，看到春天万物滋生、繁华灿烂，便心生欢喜。在老子看来，四季流转只是道的变化，万物轮回不过是宇宙的规律。既然所有的一切都已经烂熟于心，那么又怎么会产生悲喜呢？就像看一场已经看过的电影，情节人物都已经非常了解了，就很难有第一次看到时的激动。

在老子眼里，欲望就像飞鸟，自在来去于我无关，所有的一切都已经了然于胸，无喜无悲，云淡风轻。老子觉得自己不但像刚出生的婴儿，还像一个没有归宿的流浪者。这个流浪者在天地之间游荡，到闹市就看熙熙攘攘的人群，到深山就看葱茏的植物，早看朝阳，晚看晚霞，懒散而无所归依。但是这位流浪者内心是清明的，时间的一切变化都不能叫他动心。他的四肢健全，并非因为找不到工作而流浪，而是不愿沾染世俗的蝇营狗苟。

普通人都希望获得更多的财物，而流浪者只需要吃饱就好了，即便是暂时的饥饿，在流浪者看来也不是不可忍受的。普通人希望自己更聪明点，好看透周围的一切，好得到更多的利益。但是老子的形象则是一副老实巴交，甚至有些愚鲁的样子，这是他根本不在意个人得失荣辱的缘故。

老子的一切行为和思想都是向本源的“道”学习来的，人类社会的规则已经不能限制他的思绪和行为了。我们常人有的时候觉得生活非常累，那是受社会规则羁绊太多的缘故。我们的欲望被满足的时候非常高兴，那么当我们的欲望不能被满足的时候就觉得非常痛苦了，就会觉得生活非常累。

不妨跳出环境的桎梏，用一种新的眼光看待我们周围的一切，或许就会发现我们在意的许多东西只不过是痴人的胡思乱想罢了。

第二十一章　孔德之容

原典

孔德[1]之容，惟道是从。道之为物，惟恍惟惚[2]。惚兮恍兮，其中有象[3]；恍兮惚兮，其中有物；窈兮冥兮，其中有精，其精甚真，其中有信。自古及今，其名不去[4]，以阅众甫。吾何以知众甫之状哉？以此。

注释

①孔德：大德。

②恍、惚：飘忽不定、捉摸不透。

③象：形象。

④去：消失不见。

译文

大德的形态，是服从于道的。道是一种恍恍惚惚的东西，但其中又有实际的形体。深远啊，其中却有深刻的思想，这种思想极为真实，甚至可以验证。从古至今，它的名字从未消失，所以我们可以用它来追溯万物的起源。我是怎么知道万物是如何起源的呢？就是从“道”开始的。

解析

德在老子的思想体系里是个非常重要的概念，《庄子·天地》里面写道："物得以生，谓之德。"只有弄清德的含义才能更清楚地理解本节的内容。

"孔德之容，惟道是从。"实际上说的是道和德的关系。通过《道德经》的解读，我们可以整理出道和德的三种关系。首先，道是无形无质的，但是它又能够作用在万事万物上。道在万事万物上显现的功能就是德。其次，一切事物都是由道产生的，那么一切事物的属性也是道产生的，道产生的事物的属性也称为德。再次，道是无所不在的，在人生层面上的落实也是德。杨顺兴说："德者是道的体现。道因德而得以显现于物的世界。"

德也是从道中产生的，依照道的流转而运行。因为道不是固定不变的，所以德也是永远运动的，道不容易被察觉，德同样不容易被察觉。道"惟恍惟惚"深不可测，德的显现也是变幻莫测、不可捉摸的。

汉朝三大开国功臣之一的张良被刘邦赞许为"运筹于帷幄之中，决胜于千里之外"。然而在历史传说中张良的成功离不开一个神秘人物的帮助，这个人就是黄石公。

黄石公在历史上只留下了淡淡的一笔，正是这个人成就了张良这样的大才，直到如今人们仍然不知道这个人是谁，正因如此他才是接近道的大德之士。有大德行的人，行为处事都是参照道的法则的。道恍惚迷离，不可捉摸，黄石公的行事就是让人难以捉摸的，黄石公正是用常人看来荒诞不经的方式帮助了张良。

张良刺杀秦皇失败，逃亡下邳，百无聊赖之际常常在小路漫步。有一次路过一座小桥，桥上有一个老人将自己的鞋扔到了桥下，非常无理地对张良说："后生，下去给我把鞋捡上来。"张良感到非常无奈，但是看他年老体衰，便将他的破鞋捡了上来。老人没有丝毫谢意，傲慢地说道："给我把鞋穿上。"张良心想反正已经给他把鞋捡上来了，索性就给他穿上算了。于是恭恭敬敬地给老人穿上鞋。老人穿好鞋之后，大笑而去。正在张良摸不着头脑的时候，老人又走回来了，对张良说："你五天后天刚亮的时候，到这里来见我。看你这小子有出息，我要传授你点本事。"张良虽然感到莫名其妙，但是仍旧跪下道："好。"

五天后张良到桥上时，老人已经在桥上了。老人怒斥道："你怎么来得比我还晚？五天后再来！"说完这话头也不回地走了。五天后，张良刚刚鸡叫时就到了桥上，可是老人又已经等在那里了。老人再次怒斥道："你怎么比我这老人还晚？五天后再来！"

这次，张良半夜就来了，过了没过久，老人也到了。老人高兴道："这样才对。"说着从怀里拿出一本书递给张良，道："你读了这本书就能成为帝王的老师了，十年内必定帮助你建立一番功业。十三年后你将在济北见到我，谷城山下的黄石就是我了。"说完飘然而去，仿佛世界上从没有这个人，只留下一册薄薄的书。

张良第二天才看那本书居然是《太公兵法》，从此反复诵读。十三年后，张良路过谷城山下，果然见到了那块黄石。他赶紧下车参拜，并称老人为黄石公。

即便是接受了老人赠书的张良，也不知道老人的名字是什么，只好根据蛛丝马迹称其为黄石公。神仙之说，自不足信，黄石公是有德的高人是无疑的了。或许他曾将见到过那黄石，便假托自己是黄石，不过是不愿意让张良寻访他罢了。

"道"不容易推测，"德"同样不容易推测。将道德作为自己行事准则的人，也是难以揣测的。并不是所有人都能通过黄石公的考验，然而像张良那样，以一颗本我之心行事，虽然不如黄石公，但是也可以作为他的传人了。我们平常人或许成为不了世外高人，不过从小处做起，行善积德，助人为乐，也是接近道德行为准则的方法。

第二十二章　曲则全

原典

曲则全，枉[①]则直，洼[②]则盈[③]，敝则新，少则得，多则惑。是以圣人抱一为天下式。不自见[④]故明，不自是故彰，不自伐[⑤]故有功，不自矜故长。夫唯不争，故天下莫能与之争。古之所谓曲则全者，岂虚[⑥]言哉！诚全而归之。

注释

①枉：这里是委屈的意思。

②洼：低洼。

③盈：充满。

④自见：自我炫耀。

⑤伐：夸耀、赞美。

⑥虚：空话。

译文

受得住委屈才能保全自己，冤屈才能得以平反，低洼的地方才能被填满，破旧的东西才能获得新生，获取的越少得到的反而越多，想拥有的东西多了就会变得迷惑。所以，圣人用“道”来治理国家。不自夸，才是明智的选择；不自以为是，反能受到尊敬；不炫耀自己，反能显出自己的功劳；不骄傲自大，才能保持长久。正因为与世无争，所以世人就不和他争。古人所说的委屈才能求全，怎么会是空话呢？它确实能够做到。

解析

猛烈的大风吹过，参天的大树可能被吹得枝叶零落，甚至被连根拔起。然而柔弱的竹子在风中左摇右摆，却能保全自己。可见，刚强不一定胜得过柔弱，弯曲才能得以保全。竹子的弯曲，并不是为了屈服，而是在抵消大风对自己的伤害。有时候主动放低身段，以一种谦卑的方式处理发生的事情，往往能得到非常好的结果。

俗话说："礼多人不怪。"向人行礼就是一种谦卑姿态的表示，人们不会因为礼数周到而怪罪你。行礼只是一个外在的表示罢了，内涵的意思是对别人尊重。只有尊重别人，才能获得别人的好感。生活中总能遇到太多不尊重人的人了，他们以为全世界都是为自己服务的。例如去快餐店吃东西，很多人不会将吃东西产生的垃圾放到垃圾桶里，反而会振振有词地说："我已经付过钱了。"事实上，你只是为吃的东西付过钱，却没有对自己的尊严和对别人的尊重付过钱。相反在很多国家，人们认为吃完快餐后，处理自己的垃圾是自己的义务。

将自己放在一个谦卑的位置，反而会得到别人的尊重，应为理解是互相的，尊重也是互相的。常常耀武扬威、飞扬跋扈就会让别人看不惯，灾祸也就离你不远了。消除灾祸的方式，最好是重新回归到谦卑恭谨的状态。

汉武帝在历史上是少有的明君，即便是亲人犯法也不饶恕。他有个从小将他带大的奶妈，和汉武帝的关系非常好。奶妈仗着自己和皇帝的关系，在外面胡作非为，简直不把国法放在眼里。有些大臣看不过去，向武帝告发了他的奶妈。武帝非常生气，要将她依法严办。奶妈见武帝生气了，不知该怎么办才能逃过一劫，只好去求教武帝身边的红人东方朔。

东方朔幽默滑稽，才智非凡，常常将武帝逗得哈哈大笑，但是当武帝做事有偏颇的时候也经常劝谏，因此武帝非常喜欢他。东方朔告诉奶妈："这件事求情是没用的，如果真希望我帮忙的话，在皇帝叫你出去时，你不要求情，更不要说曾经哺乳过你之类的话。你按我说的做，或许还有一线生机；如果不按我说的做，那么就绝对没有保全你的希望了。"

奶妈牢牢记住了东方朔的话。武帝叫奶妈来怒道："你触犯了国法，太叫我失望了。"命令她出去。奶妈听从东方朔的话一句话也不说，只是眼含泪水，两步一回头依依不舍地看着武帝。这时，东方朔在旁边大喝道："你这个痴人，皇帝已经长大了，难道还用你喂奶吗?"武帝这时想起了与奶妈往日的情分，便赦免了她的罪过。

东方朔没有让奶妈去求情，而是侧面让武帝意识到奶妈和自己的恩情，这就是老子所说的"曲则全"。有时候不争就是争，去执意争取反而什么都得不到。故事中，如果东方朔去为奶妈求情，武帝不但不会原谅奶妈，兴许还会治东方朔的罪呢。东方朔是明白老子的"曲则全"的聪明人，不去向武帝说什么两人之间的感情，才使这种感情显得更加真挚，以至于感动了武帝。

第二十三章　希言自然

原典

希言①自然。故飘风②不终朝，骤雨不终日，孰为此者？天地。天地尚不能久，而况③于人乎？故从事于道者同于道；德者同于德；失者同于失。同于道者，道亦乐得之；同于德者，德亦乐得之；同于失者，失亦乐得之。信不足焉，有不信焉！

注释

①希言：这里是不随便施政令的意思。

②飘风：大风、狂风。

③况：何况。

译文

不随便施政令才符合自然规律。大风不会持续刮一上午，暴雨也不会下一整天。谁才能做到这些呢？天与地，天地都不能使狂风暴雨持续不停，何况人呢？从事道的人，其行为理应符合道；从事德的人，其行为理应符合德；而既无道又无德的人，就要承担理应承担的后果。信道者，道就会助他一臂之力；有德者，德就会助他一臂之力；既无道又无德者，那么道就会弃他而去。若一个人没有诚信，也就没有人信任他了。

解析

老子举了两个例子，“飘风不终朝，骤雨不终日。”大风不可能刮一个早晨，暴雨不可能下一整天。这是自然界的规律，任何激烈的事情都不可能长久地存在。老子在反复的讲述一个道理，那就是任何事物都不会长久存在，长久存在的只有变化本身。

在老子的思想里，人类社会的规律和自然规律是相同的，既然自然界的事物不断在变化，那么人类社会也必然是在不断变化的。民国时期的国学大师王国维曾经说过：“人间事事不堪凭，但除却，无凭两字。”意思就是人世间的事都会变化，没有一成不变的。

在描述自然界的变化之前，老子还加了四个字的定语“希言自然”。“希言”就是少说话，推广到人类社会层面就是统治者要尽量少地发布政令。政令越多，社会就会越动荡。人类社会往往越是平静的时候持续得越久，而越是动荡的时候，人们就会感到生活困苦不堪。

战国末年，能称得上华夏大地最动荡的时期了。大国吞并小国，小国也相互残杀，最后秦国在秦始皇嬴政的统治下，一扫六合，统一天下。

秦国的强盛和变法是分不开的。秦国原来在战国七雄里是最弱的，如果稍有不善就会社稷被毁，国家覆灭。商鞅在秦孝公的支持下开启了轰轰烈烈的变法运动。秦国统治者发布了一系列法令，深深地改变了人们的生活。

为了让人们对新法令树立信心，商鞅命人在城南门口立了一根粗大的木头，并下令：谁能将这根木头搬到集市北门，就给他十两黄金。这根木头虽然粗大，搬动它需要费一番力气，但是并不是不可能的事，随便一个大汉就能完成。这样简单的事就有十两金可拿，人们都不相信。商鞅下令将赏金不断提高，一直将赏金提高到了一百五十两金。一个为了给爷爷赚钱治病的人，壮着胆子将木头搬到了集市北门，商鞅给了他一百五十金的赏金，人们这才对他的法令重视起来。随后商鞅颁布《啃草令》，以期刺激农业生产、抑制工商业、重塑社会价值观。

为了将人民限制到农业生产上来，商鞅实行连坐法。五家为伍，十家为什，有一人犯法的话，如果没人告发，什伍之内所有人都要受到惩罚。还禁止父子、兄弟同室居住，如果一户之中有两个以上儿子到立户年龄而不分居的，加倍征收户口税。

形形色色的法令规定了人民生活的方方面面，即便是随意在大街上撒灰也是触犯法令的行为，将会受到重罚。

在军事上最重要的规定是非军功不可受爵，而军功的来源是敌人的人头。经过一系列的变法后，秦国粮食充足，战士作战极其勇猛，在短时间内秦国就统一了天下。

秦朝可谓是中国历史上法令最为严格的时期了，确乎也是最强大的时期，但是并不是最理想的时期。秦朝的法令像狂风骤雨一样，虽然能摧枯拉朽，但是并不能持续多长时间。最终，秦朝只持续了十几年时间，三世而亡。

频繁的法令，或许能让一个国家在短时间内强大，但是这种强大是以损害人民的利益和未来的发展为代价的，当人民不能忍受的时候就会推翻它。自然界的法则在秦朝历史上完美地展现了出来，越激烈的政令就越不能持久。在人生的道路上也是一样的，越是坎坷的经历，过后必将越是美丽。

无论冬天冰雪多么寒冷，到了春天一样会消融；无论黑夜多么漫长，到了早上一定会是黎明；无论路途多么艰辛，一定能寻到最初的梦。任何事情都会过去，艰难困苦不会永远存在，要想获得成功必须把眼光放长远，不能被眼前的困难击倒。

第二十四章　有道者不处

原典

企[①]者不立，跨[②]者不行，自见者不明，自是者不彰，自伐者[③]无功，自矜者[④]不长。其在道也，曰余[⑤]食赘行。物或恶之，故有道者不处。

注释

①企：踮着脚。

②跨：指大步行走。

③自伐者：自夸自耀。

④自矜者：骄傲自大、自我吹捧。

⑤余：余下的。

译文

踮脚站立，则站不稳；大步前行，则走不远；爱表现自己的人，则不能明白事理；自以为是的人，则是非不分；喜欢自我炫耀的人，即便有功劳众人也会视而不见；骄傲自大的人，即便有所成就也不会长久。以“道”的角度来看以上这些行为，就像残羹剩饭一样招人厌烦。因此，有道之人绝对不会这样做。

解析

在这一章里，老子讲述了不合于道的人的状态。他们或许有上进心，但是过分的上进就给欲望提供了滋生的土壤。为了满足自己的欲望而过分彰显自己，不但不能得到应有的好处，还会将自己陷入危险的境地。

人在站着的时候，身体的重量全部压在两只脚掌上，所以脚长得又大又厚，只有这样脚才能支撑起沉重的身体。如果踮起双脚，只用脚尖触地，必定是不足以支撑身体的，即便是脚比较小的人也很难行动自如。中国古代有段时间女子以小脚为美，甚至盛行缠足的风俗。缠足的女子脚又细又小，被称为三寸金莲。这样的双脚根本不可能支撑起身体，所以她们走路都显得很困难。

现代芭蕾舞演员确实是只用脚尖跳舞的，但是他们在练习时承受着常人难以想象的痛苦，即便如此他们也不可能长时间的只用脚尖触地，更不可能在生活中还保持脚尖触地的姿势。

踮起脚来可以让人看得更远，这样无可厚非，只要在累的时候再收起脚来就行了。然而企图用踮脚的方法让自己看起来更高，那是不可能的，到时候非但没人感觉你高，反而连正常的站立也不能保持了。

大步走的话很快就会累了，身体累了就不能再继续向前进了，所以老子说“跨者不行。”无论是“企者不立”还是“跨者不行”，都是在说只有顺应道才能长久，如果违背身体极限和自然规律，注定不能长久。所以人要有自知之明，既要掌握规律的运用，还要对自己才能有清醒的认识。彰显自己最好的方法是不断提高自我修养，而不是表现出一副强于众人的样子。

老子说：“自见者不明，自是者不彰，自伐者无功，自矜者不长。”这句话就更加直白了。不能正确评价自己的才能，贸然行事，不但会将事情办砸，还会让自己陷入万劫不复之地。

战国时期的赵括就是一个踮起脚尖走路的人，下场不言自明，不但自己被秦军所杀，还害得四十余万赵兵尽数被秦国坑杀。

赵括是赵国名将赵奢之子，从小就学习兵法，熟读兵书，论战谈略，自以为天下人没有能比得上他的。就连他的父亲在谈论兵法上也比不过他。但是赵奢却不认为自己的儿子有带兵的才能，认为他只能纸上谈兵罢了。

当时秦国四处征伐，出兵攻打赵国。赵国老将廉颇虽然手握四十万士兵，但是仍然采取守势。他认为虽然赵国兵将不少，但并不是秦国的对手，只有暂避其锋芒，才能找准时机，一举将其攻破。可是赵国君认为应该采取进攻的方式，所以让赵括代替廉颇的职位。

赵括刚刚取代廉颇，就全面否定了廉颇制定的策略。他以为调兵遣将就像用嘴说一样，丝毫不顾及部下的想法，一意孤行，认为用自己的策略一定能够打败秦军。秦国将领白起得知赵括取代了廉颇的位置后非常高兴：如果赵军龟缩不出，他纵使手握重兵也没有什么办法，一旦赵国肯出兵与之对战，那么就有机会取胜。

在一场战斗中，白起假装兵败退走，赵括疏于防范，白起派兵偷袭赵国的军营和辎重，切断了赵军的补给路线。补给被切断之后，赵军人心浮动，赵括只好主动出击，想着用场大胜来稳定军心。结果赵军大败，赵括在混战中被秦军射杀，四十万赵军投降秦国。不久之后，秦国坑杀了投降的赵军，赵国因此几乎灭亡。

赵括自以为才高，却不过是狂妄自大罢了，正是他的自大葬送了赵国军队。

老子说：“有道者不处。”懂得“道”的人是没有想着彰显自己的欲望的，因为那是没有必要的。拥有什么样的才能就去承担多大的责任；如果觉得自己才能被低估，不用担心，时间会证明一切。

第二十五章　道法自然

原典

有物混成，先天地生。寂兮寥兮①，独立而不改，周行而不殆，可以为天下母。吾不知其名，强②字之曰③道，强为之名曰大。大曰逝，逝曰远，远曰反。故道大，天大，地大，人亦大。域中有四大，而人居其一焉。人法地，地法天，天法道，道法自然④。

注释

①寂兮寥兮：无声无形。

②强：勉强。

③曰：称为。

④自然：“道”的自然状态。

译文

有一种浑然天成的东西，它存在于天地形成之前。它无声无形，独立存在永不消逝，它一遍又一遍地运行着，永不停止，我们可以把它看作万物的始源。我不知道它叫什么，便给它取名为“道”，或者叫它“大”。它漫无边际，永无止境地运行着，最后周而复始回到原点。所以说，道大、天大、地大、人也大。在这四大之中，人是其中之一。人向地学习，地向天学习，天向道学习，而道则向自然学习。

解析

“人法地，地法天，天法道，道法自然。”这一句非常有名，被反复引用，几乎成了中华文明的代表之一。人类依照大地的法则运行，大地依照天空的法则运行，天空依照道的法则运行，道则是纯粹自然而然的。在这一章里，老子将人提高到了非常高的位置，将人和道、天、地并列存在。诚然这是以客观的角度思考问题，但是人类又如何能与道、天、地并列呢?

道广阔无边，拥有无穷的创造力，不会为外界的事物所侵扰，而且在运动中永恒不变。得道之士也是有这些特征的，他们的思想深邃无边，别人捉摸不透；他们依道而行，行为准则不会被别人所改变；他们崇尚无为，始终没有停歇；他们更是创造了灿烂的物质文明。正因如此，人也可以和道并列了。

对这个世界影响最大的恐怕就是人类了，将几十年前的卫星图和今天的卫星图相对比，就可以明显地看出人类对地球的影响。在这个世界上从来没有一个物种拥有人类的智慧和人类的创造力。老子将人类看得非常重要，不但赋予人类荣誉，也对人类本身提出了更高的要求。

在以前，只要提到伦敦，人们就会把“雾都”的称号与它相连。在20世纪60年代之前，伦敦的“雾都”称号举世闻名。伦敦市区里面终日烟雾缭绕，迷茫一片。街头的路灯白天也不熄灭，仍然很难看清10米以外的东西。

伦敦是世界上工业发展最早的城市之一。在中世纪，伦敦就是世界文明的工业中心了，也就是在那时候出现了煤烟污染大气的问题。工业革命是以煤炭动力的使用为代表的，当时工厂大多建在市内，居民家庭又大量烧煤取暖，煤烟排放量更是急剧增加。在无风的季节，烟尘与雾混合变成黄黑色，经常在城市上空笼罩多天不散，形成被曾经客居伦敦的老舍先生描绘过的“乌黑的、浑黄的、绛紫的，以致辛辣的、呛人的”伦敦雾。当时的英国国会还颁布过法令，国会开会期间禁止工匠使用煤炭。

近几十年来，伦敦人对环境的要求越来越高，将治理污染当作重中之重。首先是将产生污染的企业尽量关闭或迁出市区，城市居民取暖不得烧煤，强制推广无铅汽油。仅仅无铅汽油的使用，就使汽车尾气的排放量减少了 75% 以上。国会通过了控制污染的《环境法》，以确保环境政策和具体措施的实施。在伦敦即便是在公共场所乱扔废物、在公共场所吸烟，也被认为是一种犯罪行为，处以高额罚款，最高罚款额高达 1000 英镑。

经过数十年的治理,伦敦上空已见不到滚滚浓烟和弥漫黄雾。伦敦还积极增设公园和绿地，实现城区内不露泥土。市郊建立 10 多座卫星城，城区拥挤现象大为减轻。现在的伦敦, 市区公园星罗棋布, 林木葱郁, 绿草如茵。绝迹多年的上百种小鸟重返伦敦飞翔, 许多鱼儿又回到了泰晤士河。基本告别了“雾都”形象, 成为一座洁净的城市。

“雾都”伦敦的治理，堪称人类担负责任的一个典范。我们是大自然的宠儿，需要对自己的行为负责。当年为了发展经济，将伦敦污染了，伦敦的人们也品尝到了自己行为的恶果。目前我们国家也面临着伦敦曾经面临过的雾霾问题，解决这个问题需要我们每个人肩负起应当肩负的责任。我们并不是孤立的存在，我们和大自然是一体的，我们的幸福不应该建立在大自然的痛苦之上。

第二十六章　静为躁君

原典

重为轻根[1]，静为躁君。是以圣人终日行，不离辎重[2]。虽有荣观，燕处超然。奈何万乘之主，而以身轻天下？轻则失本，躁则失君。

注释

①根：根基。

②辎重：军队运送军需物资的车。

译文

稳重是草率的根基，安静主宰着躁动。所以君子不管去任何地方，都离不开装载衣食的车辆。虽然整日享受着荣华富贵，但却能以一颗平常之心看待一切。为什么有些大国的君王会轻视天下社稷呢？轻浮草率便会失去国之根基，躁动则会失去王位。

解析

轻浮急躁的作风就像断了线的风筝，纵然得一时的快意，最终却不知道被风刮到什么地方。立身行事，如果草率盲动的话，和断了线的风筝也没什么两样。风筝的线只有被牢牢攥在手里，随着风速和风筝高低调节线的长短，才能保证风筝在天上飞翔。一个人只有保持一颗宁静的心，保守而庄重，才不会受到灾祸。

这世界上有太多的外物会影响到我们，我们也太容易受到外界的搅扰。有智谋的人，碰不到思考的机会就会难过；口齿伶俐喜欢辩论的人，没有与之辩说的人，就会感到无聊；有能力的人，没有挑战，就会不高兴；平常人，没有给他施展长处的平台，就不会得到满足，忧伤的情绪也就出现了。有多少人因为“不得志”而郁郁寡欢呀，与其说是外界没给予我们足够的优待，倒不如说是自己没有一颗宁静的心。

真正的达者不在乎世俗的看法，更不在乎所谓才学能否施展，只要言和于德、行合于道就是人生的成功者了。

魏晋时期追名逐利的人很多，然而豁达之士也有不少，竹林七贤之首的阮籍就是其中的代表人物。

晋朝的统治者为了维护自己的统治，极力维护礼教在国家中的作用。然而礼教只是为世俗之人设立的，超然物外的人，虽然身处红尘也断然不会被礼教所羁绊。阮籍的母亲去世了，那天他正在下围棋，死讯传来，下棋的对方要求停止，阮籍却不肯，非要将这盘棋下完。分出胜负后，又饮酒两斗，周围的人都看呆了，认为他是个不孝之人。然而事实并不是这样，喝完酒之后，阮籍放声大哭，吐血不止，悲痛得几乎昏死过去。

阮籍在守丧期间，朋友们纷纷去拜祭，但是阮籍只是披头散发地坐着，既不站起来迎接，也不跟着哭拜。按照当时的礼法，有人来吊唁，主人需要先哭拜，客人才能跟着哭拜。阮籍的所作所为，可谓是触动了礼教大防。

有小人挑拨他和朋友的关系说：“阮籍都没有哭拜，作为客人为什么还独自哭拜?”阮籍的好友裴楷淡淡地回应道：“阮籍是超乎礼法的人，可以不讲礼法；我还在礼法之中，所以遵循礼法。”待到母亲下葬之前，阮籍仍旧大块吃肉、大口喝酒，这又是有违礼法的。然而有理解他的人却说：“你没看到阮籍悲伤过度而身体虚弱吗?”

除了孝道，男女之防在晋朝也是大忌。阮籍常常和朋友到一家小酒馆喝酒，喝醉了就在漂亮的老板娘脚下睡觉，他自己丝毫不以为意。酒馆的老板知道他的为人，也不在意什么。不避讳老板娘也就罢了，阮籍就连他的嫂子也不避讳。有一次，他的嫂子回娘家，他不但为之饯行，还送她上路。常常有人说阮籍的闲话，然而他只是淡淡地回应：“礼法难道是为我辈设的吗?”

晋朝礼法严苛，颇有以此禁锢万民之心的意思。然而对于不受外物侵扰的豁达之人，这俗世的礼法就显得可悲而可笑了。

阮籍虽然放浪形骸，但却是一个真正保守庄重的人。遵守礼法并不是保守，逢人客气也并不是庄重。保守是遵守大道的运行，庄重是坚守本心的德行。以道心为我心，世间的所有魑魅魍魉都只是一缕青烟。纵然没有人能与我对话，起码还有大道的存在，仰天长啸，即使不用语言，也能觅得知音。

第二十七章　道不弃人

原典

善行无辙迹[①]，善言无瑕谪；善数[②]不用筹策；善闭无关楗[③]，而不可开；善结无绳约[④]，而不可解。是以圣人常善救人，故无弃人；常善救物，故无弃物，是谓袭明。故善人者，不善人之师；不善人者，善人之资[⑤]。不贵其师，不爱其资，虽智大迷，是谓要妙[⑥]。

注释

①辙迹：车轮压过的痕迹。

②善数：善于算数的人。

③关楗：大门上的栓梢。

④绳约：绳索。

⑤资：这里指借鉴。

⑥要妙：精妙、深奥。

译文

善于做事的人，事后不会留下任何蛛丝马迹；善于说话的人，不会留下任何话柄；善于算数的人，用不着任何辅助的工具；善于关门的人，即使不用门闩别人也不能将门打开；善于捆绑的人，即使不用绳子别人也不能将其解开。圣人常救人于危难之中，所以没有被抛弃的人；圣人能让一切事物发挥各自的作用，所以也没有被丢弃的事物。这便是内在的智慧。所以善人能当恶人的老师，还能引以为鉴。不尊老师，不听从老师的教导，便是自作聪明。这就是其精妙之处。

解析

我们常说一句话“垃圾是放错位置的资源”，这个世界上没有什么东西是没有价值的，存在就是最大的价值。同样的，这个世界上不会有没有价值的人，只是有些人暂时还没找到体现自己价值的位置罢了。佛说：众生平等。在智慧的佛陀看来每个人都是一样的，没有高下之别，更没有有用无用之分。有些人感觉生活欺骗了自己，只是让悲伤蒙蔽了心智而已。在大道看来，扶不上墙的烂泥和补天五彩神石本身没有任何区别。老子说：道不弃人。大道不会放弃任何人，然而可怕的是我们自己却会放弃自己。

大道将万物平等对待。常人却将人分成不同的类型，每种类型的人又有高低之别，不公平也就从中出现了。社会上的人并不是完全平等的，每个人智力、体力的不同，必然导致人与人个体间的差异，于是社会将人分成了两种“成功者”和“失败者”。

大家还记得龟兔赛跑的故事吗？兔子比乌龟跑得快很多，但是在途中兔子睡着了，乌龟默默地超过了兔子，最终取得了赛跑的胜利。这个故事激励了很多人，认为只要自己勤奋就能够超越竞争者取得应得的成就。然而这只是一个童话故事罢了，如果兔子没有睡觉，甚至兔子比乌龟提前跑出去了，那么乌龟就没有一点机会赢得比赛的胜利。

有上进心固然是好事，但是自不量力并不可取。一个普通人很难在篮球方面超越姚明，无论这个人多么努力，身高等先天条件和后天培养完全比不过姚明的情况下，无论如何也不可能将之超越。大道不放弃任何一个人，大道也同样不会特别眷顾某个人，更不可能给予每个人世俗意义上的成功。因为世俗所说的成功就是将其他人踩在脚下，但是这并不是成功，只是一种扭曲的控制欲望而已。

帝国大厦是美国纽约财富和繁荣的象征之一，常常有失意者从这座高耸的大厦上一跃而下，放弃自己的生命。他们或许背负着巨额债务，或许情人离他远去，他们在跳楼前的一瞬间，觉得世界将他的所有一一剥夺，然后将痛苦一件件塞到自己躯体里。为了释放这种痛苦，索性将痛苦的“载体”也抛弃了。

事实上，有痛苦的感受恰恰说明我们还没有被抛弃。这个世界有着自己的运行规律，物极必反，痛苦的经历恰恰是快乐的源头。只要不被自己的私欲打败，就没有什么能够打败自己。自杀者是怯懦的，他们没有面对惨淡人生的勇气。当一个人放弃自己的时候，确乎没有什么可以拯救你了。

社会是依照自身的规律运行的，我们的社会不会抛弃任何一个人。你的困苦无助，只是被自己营造的假象蒙蔽了而已。不需要刻意追求世俗意义上的成功，只要足够优秀，成功总会不期而至。

第二十八章　知雄守雌

原典

知其雄，守其雌，为天下溪[1]。为天下溪，常德不离，复归于婴儿[2]。知其白，守其黑，为天下式。为天下式，常德不忒，复归于无极。知其荣，守其辱，为天下谷。为天下谷，常德乃足，复归于朴。朴散则为器[3]，圣人用之，则为官长，故大制不割。

注释

①溪：沟溪。这里比喻谦卑。

②婴儿：象征纯真无邪。

③器：这里指万物。

译文

知道自己的雄健，却甘愿保持温和柔顺的性格，成为天下的小溪。愿做小溪的人，其德行便可长存，这样便能像婴儿般纯真无邪。知道哪里有光明，却甘愿待在黑暗之处，这才是天下之人的榜样。只有成为这样的人，德行才会常伴左右，如此才能恢复到最原始的忘我境界。明知怎样做能使自己荣耀，却愿屈居于卑微的地位，甘愿做天下的深谷。如此，德行便能像容纳一切的山谷一样保持充足，进而回复到最原始的状态。朴素无华的东西被制成各种器具，圣人用过之后，便能成为百官之首，因此，一套完善的制度不能分割。

解析

一艘大船，越坚固越好；一栋房子，越牢固越好；一根绳子，越结实越好。所有好的器具都是质量优异的，这毋庸置疑。虽然强大坚固的事物能够带来更多的好处，但是老子偏偏选择不好的，而不会选择好的。常人认为好的，老子也认为好，但是偏偏不会选择它，因为老子知道，所谓好只是一时的，想要保持长久安宁，必须坚守别人认为不好的东西。

所有人都喜欢好的东西而去争夺，当你得到后，就会成为众人的目标。所以，即便是得到了，也要将之送出去。只有像山谷那样将身段放到最低的地方，让群山俯视自己，才不会受到灾祸。老子是让我们凡事退让，不思进取吗？不争，并不是不思进取；退让，也不是无限度的。追求上进是一种美好的品德，一味地软弱妥协，不是上进的表现。山谷虽然处在最低的地方，但是正因如此溪水才会源源不断地汇聚。

一个人很难放弃自己应得的好处，尤其是当得到的东西有巨大吸引力的时候。但是越是如此，越要果断地去做，不然灾祸也就不远。老子说“知其雄，守其雌”，知道自己得到的东西珍贵，但是甘愿将之奉献出去，使自己始终处于柔弱的位置，才能得以保全。

清末洪秀全领导的拜上帝教引发了太平天国动乱。曾国藩领导的湘军在镇压太平天国的过程中逐渐发展壮大。咸丰皇帝甚至私下感慨道：“去了一个洪秀全，来了一个曾国藩。”可见曾国藩的势力已经开始让朝廷忌惮了，这对他来说是个非常不好的信号。

曾国藩一直小心谨慎，非常担心落得个鸟尽弓藏的下场。虽然担心身前身后名，但是他更担心剿灭太平天国的大业不能完成。

其弟曾国荃军事能力同样非凡，将太平天国的都城金陵围得水泄不通，太平天国的覆灭只是时间问题了。此时的曾国藩手握强兵，整个中国南部几乎在他的掌控之下。如果他稍有异心，破败不堪的八旗军队根本不是他的对手，改朝换代也不是不可能的。

太平天国虽然在覆灭的边缘了，但是攻打金陵的战役并不轻松。曾国荃久攻不下，曾国藩要求其弟将功劳让出一些，最好让李鸿章也参与进来。曾国藩认为，让李鸿章率领他的花炮队和洋枪队前来一起围攻金陵是百利而无一害的。如果李鸿章的部队胜利了，那么自己的弟弟不但能够享受到应得的功劳，还能少出气力。最重要的是将功劳分出去后，承受的压力会小很多。单独享受大的功劳不但不是好事，还会让自己折福。如果李鸿章的部队来了也不能攻下金陵，也可以让其分担一部分压力。

李鸿章不愿意得罪曾国藩，虽然手握重兵，但是不肯前来强攻。不久之后，曾国荃攻下了金陵，太平天国宣告覆灭，还抓住了太平天国的高级将领李秀成。太平天国的残余部队已经成不了气候了。

虽然立了大功，但是如果真的安享荣名，离身败名裂也就不远了。立大功并不见得是好事，柔弱也并不见得是坏事。于是，曾国藩让自己的弟弟辞去职务，他自己也裁减湘军，这才消除了朝廷的猜忌。

皇帝曾经许下承诺："谁能平定太平天国，就将其封侯。"曾国荃觉得自己立了大功，朝廷理应兑现承诺，急不可耐地将捷报送到了北京。曾国藩却劝弟弟：忘了封侯的许诺吧。他在捷报里说，能够成功，全靠朝廷的指挥得当和同僚的齐心协力，曾家兄弟只是恰逢机会罢了。

虽然将态度放得足够低了，朝廷对曾家兄弟仍然不肯善罢甘休。即便是立了大功，也要找出他们的错处来。上谕严厉指责曾国荃说：正是你不得力，才让太平军突围，没能将其全歼。这还不算完，朝廷又下令追查金陵城中财宝的下落，甚至在上谕中警告曾国荃“勿使骤贵而骄，庶可长承恩眷”。

曾国藩自然从中听出了警告的意思，一味追求雄强，恐怕就难得善终了；但是如果不知道雄强的好处，曾国藩又怎么能够训练出强大的湘军，扑灭太平天国呢？所以既要知道雄强的好处，并利用之，还要知道雄强易折的缺点。成就功业，离不开奋发进取；安享富贵，离不开柔弱处下。

第二十九章　圣人不持

原典

将欲[①]取天下而为之，吾见其不得已[②]。夫天下，神器[③]也，非可为者也。为者败之，执者失之。是以圣人无为，故无败；无执，故无失。故物[④]或行或随，或嘘或吹。或强或羸[⑤]，或载或隳。是以圣人去甚，去奢，去泰。

注释

①将欲：想要。

②不得已：不能成功。

③神器：神圣之物。

④物：指万物。

⑤羸：弱小，虚弱。

译文

想以暴力之法夺得天下的人，我认为他一定不能成功。天乃神物，不可能让人随欲为之，占为己有。有此想法之人，必将以失败告终，若仍旧执迷不悟，必将失去一切。世间万事，有独自前行的，也有跟随队伍的，有缓慢吐纳的，也有大口呼吸的，有强壮的，也有弱小的，有活得安逸的，也有活在水深火热之中的。所以，圣人要抛弃极端、奢侈这些过分的事物。

解析

有人说世界上最难的事有两件，一是将别人口袋里的钱放到自己的口袋里，二是将自己的想法灌输到别人的脑袋里。

如果掌握了强权，第一件事并非不可完成，第二件事却是非常难的了。管理就是让别人按照自己的想法去做，也就是将自己的想法装到别人脑子里。一些公司人员流动非常大，就是做不到将想法装到别人脑袋里的缘故。因为，很多管理者并不是从被管理者的角度出发思考问题，而是想着怎样从员工身上获取利润，两者是对立的，管理起来当然很难。

世界上的事物都是不同的，人与人之间的差距更是非常大。古话说："人上一百，形形色色；人上一万，无边无沿。"说的就是每个人的秉性不同，每个人的要求和喜好也不尽相同。有的人聪明绝顶，有的人拙言木讷；有的人特立独行，有的人低头哈腰；有的人英勇好斗，有的人温文尔雅；有的人容貌秀丽，有的人却心灵美好……

每个人的性格和学养都不相同，管理起来自然也不相同，按照不同人的特点进行管理，可以得到最好的结果，但是庞大的工作量使这种方法根本没有实现的可能。每个人的要求是不一样的，管理者不可能满足所有人的想法，如果以一个统一的标准激励被管理者的话，那么必然有人心生不满。

在中国过去的历史中，如何管理这个幅员辽阔、人口众多的国家，向来都是统治者最为关心的事。聪明的统治者想到了两种方法，一是抓大放小，建立起金字塔式的权力结构，皇权不下乡，治国在治官，这样就减少了大量任务量，数量庞大的人民则由官吏来管理。还有一种方法是以孝治国，统一全国的价值观。既然管理的难度在于人与人之间思想的不同，那么统一他们的思想也就是了。

还有些人为了获得人民的效忠而祭起了屠刀。“顺我者昌，逆我者亡”，这样留下人就都是顺民了。使用这种方法最典型的就是清朝的统治者们了，他们制定了“留发不留头，留头不留发”的政策。发型一直以来被视为华夏民族和少数民族的主要文化区别，强制剃头的目的就是要让民众接触并认同满族的文明。富于反抗精神、拒不剃头的人都被杀死了，剩下的人自然也就便于管理了。

这两种方法并不可取，前者的工作量同样十分巨大，腐败一直是贯穿中国执政者的主题。即便是严刑峻法的朱元璋也没能控制住腐败的产生。后者的缺陷更是显而易见。大众对这样的管理者并非没有怨念，只是暂时被恐惧压制住了才不敢妄动。只要有一个机会就会揭竿而起。所以，等级制管理和以利益威胁都不是好的管理方式。

最好的管理是给予被管理者充分的自由，并为其创造优越的生活条件和工作条件，他就能发挥积极性。每个人都希望得到更大的好处而不愿意付出更多的劳动，只有让人们意识到有多少努力就有多少收获的时候，才能办好一件事。

第三十章　物壮则老

原典

以道佐[①]人主者，不以兵强天下，其事好还[②]。师[③]之所处，荆棘生焉。大军之后，必有凶年。善有果而已，毋以取强。果而勿矜，果而勿伐，果而勿骄，果而不得已，果而勿强。物壮则老，是谓不道，不道早已[④]。

注释

①佐：辅佐。

②其事好还：这样容遭报应。

③师：军队。

④早已：迅速地灭亡。

译文

以道之法辅佐君王的人，不屑以武力使天下屈服，因为这样很容易遭到报应。靠武力征服的地方，总是一片破败的景象。发生过战事的地方，总是杂草丛生，并且一定会被连年饥荒所困。有道之人达到目的之后便会就此打住，决不会妄图以武力称霸天下。不借功劳自夸自耀、骄横无礼，要把战争视为不得已而为之的事情，完成目标之后就不要再想着称霸天下了。物极必反，这是不符合道的，不符合道的事物很快就会衰败灭亡。

解析

在老子生活的时代，战争和祭祀是国家的头等大事。祭祀是统治者合法性来源，战争则决定着统治者能不能继续保有自己的统治权。祭祀常常会有，战争却不会轻易发动，战争爆发不但需要付出巨大的人力物力，在战争的第二年必然爆发严重的瘟疫。老子看到，即便是战胜国也将在战后的瘟疫中付出沉重的代价。所以，恃强凌弱，是不符合道的，不符合道就会受到惩罚，瘟疫就是对战争的惩罚，在社会生活的其他方面，这种惩罚也无处不在。

战争的胜利是美好的，艳丽的美女也是美好的，我们就是为了我们认为美好的东西付出了我们的时间和精力。但是这些美好的东西不见得是符合道的，它们就像一个个陷阱。一旦落入陷阱之中，就会无法自拔。当知道落入陷阱已经越陷越深了，挣扎已经变成徒劳。都希望拥有一个美丽的女子，但是古往今来多少英雄豪杰难过美人关，被美色所诱惑，最终导致失败，甚至丢掉了国家和人民，悲惨地死去。佛教经典里说“红粉骷髅”，再美丽的女子也会老去、死亡，最终成为一副骷髅。战争也和美女一样，战马奔跑过后，尘埃落定，得到的却是民不聊生，无数伤残。

春秋时期，周王室力量越来越小，已经不能控制天下了，郑国趁机称霸中原。郑庄公专横跋扈，挟天子以令诸侯，根本不把周天子放在眼里，周王室和郑国矛盾越来越深。周桓王十三年（公元前 707 年）秋，周桓王决心攻打郑国，希望重新夺回自己地位。桓王调集了陈、蔡、魏等国军队联合攻郑，两军在繻葛（今河南长葛东北）展开交锋。

周桓王将统帅的部队分成三军：右军是蔡国和魏国军队，左军是陈国的军队，中军主力由桓王亲自统率。郑军也分成三军迎战，决定先攻周军薄弱的两翼，再集中兵力攻击周军中军。郑庄公改变了传统的车战队形，布成“鱼丽阵”。步兵本来是在战车后边的，郑庄公将他们分散安排在了战车左、右、后三方，填补了战车之间的空隙。这样一来，战车和步兵之间就能协同作战相互掩护了，使得攻防更加自如。

交战开始后，郑军先从两翼发起进攻，左侧陈国的部队一触即溃。右侧蔡国和魏国的部队竟然弃阵逃跑。周军左右两路军阵势大乱，中军被孤立了起来。随后，郑军从左右两侧夹击周军，中军中的主力也投入到战斗中。周王室的中军三面受敌，结果只能是大败。周桓王也中箭受伤，急忙退军。从此，周王室威信扫地，原来臣服于周王室的大国再也不听周王室的指挥了，可以说正是这一场战争掀开了春秋战国诸侯争霸的序幕。

如果周桓王不主动发动这场战争的话，那么周王室仍将是天下共主，各路诸侯、王爷不敢轻易挑战周王室的权威。正是周桓王贸然发动了战争，才让自己成为砧板上的鱼肉，任人宰割。周桓王一心想着恢复先辈对天下的统治，被追逐权力的欲望蒙蔽了眼睛。逞强好胜，即便是胜利了也将付出沉重的代价，至于输掉战争的代价就更大了。无论一个国家还是一个人，都应该尽量避免争斗，免得生出无妄之灾。

第三十一章　兵者不祥

原典

夫佳兵者[1]，不祥之器，物或恶之[2]，故有道者不处。君子居则贵左，用兵则贵右。兵者，不祥之器，非君子之器，不得已而用之，恬淡[3]为上。胜而不美，而美之者，是乐杀人。夫乐杀人者，则不可以得志于天下矣。吉事尚左，凶事尚右。偏将军居左，上将军居右。言以丧礼处之。杀人之众，以悲哀莅之，战胜，以丧礼处之。

注释

①兵者：这里指兵器。

②物：这里指人。

③恬淡：淡泊。

译文

兵器乃不祥之物，人们都对它厌恶至极，所以有道之人绝不会碰它。君子在生活中把左边视为尊贵，打仗的时候以右边为贵。这些不祥的兵器，君子平常不会轻易使用，除非万不得已才使用它，并且会低调行事。就算获得胜利，也不要洋洋得意，若洋洋得意，就说明他喜欢杀人，这种人是不会得志的。吉事以左为上，丧事以右为上；偏将军居于左，上将军居于右，这是根据吉丧之事安排的顺序。因此，参加战争的人，要以悲痛之心对待这场战争，胜利之后，要以丧礼对待死去的人。

解析

中华民族是热爱和平的民族，在我们的管理思想体系里始终有着和平的因子，从不轻易动用武器。《孙子兵法》的伟大之处在于，它并不是教你怎样打仗的，而是教你怎样不使用战争而取得胜利。孙武在《孙子兵法》中写道：上兵伐谋，其次伐交，其次伐兵，其下攻城；攻城之法为不得已。意思是取得胜利最好的方法是通过智慧获得，下一等方法通过外交途径获得，最差的方法才是通过战争的方式获得。用战争和武力来处理争端是最不明智的选择了，因为战争不只是将敌人摧毁，也将给自己带来沉重的负担。

民间俗语说“兵马未动，粮草先行”。战争并不只是将士的事，还与无数人的生活息息相关，没有强大后勤力量而发动一场战争是不可能的。千万民众除了要保障前线战士的武器、粮草外，还要担负起照看伤员的任务。战争发起，就有可能耽误农时，那么来年的粮食来源也会成为问题。战争是最扰民的行为之一了，所有有道的人不会轻易发动战争。如果不使用战争就能得到想要的结果，那么为了所谓“义愤”和脸面就贸然发动战争，就是祸国殃民的表现。能够在对自己有利的情况下放弃战争，这种人实在是太少了。有一些决策者认为，即便失败了也只是死去些无关紧要的士兵而已，于我是没有影响的，所以积极要求发动战争，还能获得大义的名分，这种人才是国家的罪人。

辽国一直在北宋边境不断挑衅，想要进一步占领中原，妄图吞并北宋，两国间的战争看似是不可避免的。从公元 999 年开始，辽军就开始派兵在边境挑衅，常常屠杀百姓、掠夺财物，给边境地区的居民带来了巨大灾难。虽然宋军在杨延朗、杨嗣等将领率领下，积极抵抗入侵，但辽国骑兵进退速度极快，战术灵活，宋军的压力日益增大。

公元1004年，辽萧太后和辽圣宗亲率大军南下，深入宋境。在战争初期，辽军攻破遂城，生俘宋将王先知；力攻定州，俘虏宋朝云州观察使王继忠。此后，辽军一路南下攻克德清（今河南清丰），三面包围澶州（今河南濮阳），宋将李继隆率军死守，才使得澶州城没有被攻破。

宋军被辽军打得节节败退。这种情况下，朝中出现了两种声音，一种是主张力战辽军，还有一种看法是向辽国求和。无论是力战还是求和，在当时都有合理性，但是在被打得节节败退的时候求和，显然不是明智的选择。

为了激励将士，宋真宗赵恒亲自上前线督战。进入澶州之后，宋真宗登上北城门楼，“诸军皆呼万岁，声闻数十里，气势百倍”。或许是受到皇帝鼓舞，宋军在澶州城下重创辽军，射杀辽将萧挞览。此时的辽军由于战线过长，加之受到宋军的顽强抵抗，已经处于劣势了。

宋朝君臣深知，对国家最有益的决策不是让战争继续，而是获得和平。于是辽宋两国在澶渊城建立盟约，史称澶渊之盟。虽然澶渊之盟协定每年给辽国岁币，但是这笔钱只有战争开支的百分之一。此后的百年间辽宋没有发生过大规模战事，双方礼尚往来，宛如兄弟之国。宋真宗崩逝后，辽圣宗“集蕃汉大臣举哀，后妃以下皆为沾涕”。

或许有人认为宋真宗签订的是一个卖国条约，因为宋朝每年要给辽国岁币。但是这并不是进贡，而且这笔钱对于富庶的大宋来说简直不值一提。就这样一个小小的让步让两国人民免于百年战火，难道不是很伟大的事情吗？得道的人不会在乎是否低头，而是关心能否带来足够的现实利益。战场上的胜利，并不是胜利，人民安居乐业，才是真正的胜利。

第三十二章　万物自宾

原典

道常无名，朴[①]。虽小[②]，天下莫能臣[③]。候王若能守之，万物将自宾。天地相合，以降甘露[④]，民莫之令而自均。始制有名，名亦既有，夫亦将知止[⑤]，知止可以不殆。譬道之在天下，犹川[⑥]谷之于江海。

注释

①朴：质朴。

②小：细小、微小。

③莫能臣：没有什么东西能使之臣服。

④甘露：雨水。

⑤止：止境。

⑥川：河流。

译文

“道”无名而质朴，它虽然微小，但却没有任何东西能使它屈服。王侯若以“道”治国，那么万物必会从之。天地阴阳调和而降下的甘露，不用任何命令，它就能分布均匀。万物自产生之始，便各自有了相应的名字和地位，有了这些便会各司其职，安守本分，如此便不会有什么危险了。“道”存于天地之间，它犹如大海，世间一切河川溪流最终都要归于大海。

解析

没人指挥，小草自会发芽；没人控制，树木就会开花；不用督促，饿了便去觅食。这个世界中，万事万物都是依照本能生长着，不去干扰它们，就能创造出一个生机勃勃的世界。道是没有固体形态的，万事万物都是它的载体。它可以表现为液体，汇成江河湖海，可以表现为固体，成为山川树木，也可以表现为气体，散布在我们周围。道也可以表现为无形的超出我们理解的事务，例如我们常用的 wifi 信号。对于常人来说很难理解 wifi 的存在，它看不见、摸不到。气体的存在还能让我们感受到，但是 wifi 的存在甚至不能让人们感知。但是有了 wifi 信号，我们的手机等设备连接上之后就能上网了。

我们认识这个世界的过程，就是认识道的过程。在很早以前，人们以为世界的基本元素是五行，也就是金、木、水、火、土。现在我们知道了，金是金属，木头是有机物，水是液体，火是剧烈氧化反应的现象，土则是多种矿物颗粒的集合。它们并不是世界的本原，我们认识的一切并不全是从这“五元素”中产生的。五行只是人们的猜想罢了，由于认知的局限，我们就是在不断猜想和不断否定猜想中认识道的。

20 世纪，有的科学提出组成原子和电子的物质叫夸克，这种物质很难被现有仪器观测，人类本身更不可能感知，但是没有这种物质，宇宙就会分崩离析。现在另一种弦理论又被提了出来，弦理论认为世界万物都是由弦构成的，并通过弦发生联系。弦理论是在数学上近乎完美的理论，可以说让人类认识道更近了一步，但是弦理论也只是猜想罢了。

或许我们永远不能认清道的本质，因为这是超出我们感知和思维能力的事情。但是并不能因为感知道困难，就放弃对道的探索。越分析道，越觉得它无比复杂。我们觉得道复杂，那是用我们人类自己的眼光的缘故，实际上道是最质朴的，因为道的质朴才成就了它的复杂。道简单得就像刚出生的婴儿一样，饿了就吃，困了就睡。婴儿是淳朴的，但是谁能知道婴儿的精神世界呢?

如果我们能够拥有道一样的淳朴状态，给人的感觉就是扑朔迷离，就没有人能将之看透。同时，任何事物也不能扰乱一个淳朴的人的内心，更没有人能让得道的人臣服。如果每个人都能拥有道的品格，我们就不需要有管理者的存在，也不需要用世俗的法律和道德约束我们的行为，因为那些肮脏的事情我们根本不会去做。人们自然会平等和睦、无忧无虑地生活了。我们能像小草一样，自然地出生与成长，只要有阳光和雨水，就能创造一个繁荣的世界。

第三十三章　自胜者强

原典

知人者智，自知者明①。胜人者有力，自胜者强②。知足者富。强行者有志。不失其所者久。死而不亡③者寿。

注释

①明：聪明。

②强：强大、有实力。

③死而不亡：肉体死亡，精神不灭。

译文

能了解别人的人是智慧的，能了解自己的人是聪明的。能战胜别人的人是有实力的，能够战胜自己的人是强大的。知道满足的人是富有的。靠自己的力量奋斗的人是有志气的。能够坚持原则的人才能长久。有些人虽然死了，但其精神却影响着后人，那么他便得到了真正的永生。

解析

著名音乐人李宗盛有一首歌叫《和自己赛跑的人》，歌词里写道：成功的意义就在于，超越自己。学前班要学习一加一等于几，小学时就要背诵简单的诗词了，随着年龄的增长，我们要不断学习各种各样的知识。每一种新的观念的接受，对我们来说都是一种挑战。在不断地战胜自我当中，我们渐渐拥有了理解社会的规则，但是我们只是更多地关注别人的看法，而忽视了对自我修养的提升。

平常人都将眼光投放到了怎样与人竞争上，因为竞争可以得到更多财富和权利。竞争将人们的心智蒙蔽了，在竞争中放弃了对自然的感知和对生活的感恩，起早贪黑只为名利奔波，即便获得了想要的一切，却得不到生活的快乐，那样的话，人和机器人又有什么不同呢?

一直和别人对比是愚蠢的事，世界上的人形形色色，每个人都有自己的特点，即便你某项技能比别人强点，也说明不了什么。如果总是想处处高人一头，忽视自我的修养，那么就连已有的些许优点都会丧失。那些争强好胜的人，并不是笨人，相反他们甚至比大多数人更聪明。然而，他们往往只看到了自己的优点，看不到自己的缺点，更不知道战胜自我的欲望，这实际上是一种悲哀。

柳下惠被孟子称为四大圣人之一，《孟子·万章下》说："柳下惠不羞污君，不辞小官。进不隐贤，必以其道。遗佚而不怨，厄穷而不悯。与乡人处，由由然不忍去也。"然而大多数人知道柳下惠，并不是因为他拥有这么多美好的德行，而是他坐怀不乱的故事。

在一个寒冷的夜晚，柳下惠宿于城门。这天夜里，风雨大作，非常寒冷。有一个没有住处的妇女来投宿，她冻得瑟瑟发抖、脸色发白。柳下惠担心她冻死，就叫她坐在自己怀里，解开外衣把她裹紧。两个人就这样坐了一夜，并没发生违背礼法的行为，于是成就了柳下惠"坐怀不乱"的正人君子的美名。

每个人都是好色的，这虽不是男人的专利，但并不是每个人都能做到柳下惠那样战胜自己的欲望。历史上并不只有一个柳下惠，在诗经上就记载了一个和柳下惠“坐怀不乱”相近的故事。

从前，颜叔子独自在房子里。晚上下起了大雨，将一些房子冲坏了，其中就有他邻居的房子。他的邻居是一位年轻的寡妇。妇人来到颜叔子屋外请求庇护，希望能让自己避雨，但是颜叔子不让妇人进门。妇人从窗户外对他说：“你为什么不让我进来呢?”颜叔子说：“我听说男女不到六十岁不能在一个房子里。现在我们都还年轻，所以不能让你进来。”妇人说：“你为何不能像柳下惠那样，用身体温暖来不及入门避寒的女子呢?”颜叔子说：“柳下惠可以开门，我没有柳下惠的毅力，所以我不能开门。我的‘不开门’，就是向柳下惠的‘开门’学习的。”

柳下惠能够控制自己的欲望，所以他可以让女子进门。颜叔子自知没有柳下惠的自制力，但是他能忍住不去开门，也是一种战胜自我的表现。这个世界上对我们有吸引力的东西太多了，我们并不能抗拒所有诱惑，但是我们可以让诱惑远离自己。

第三十四章　不自为大

原典

大道泛[①]兮，其可左右。万物恃之而生，而不辞[②]，功成而不有。衣养万物而不为主[③]，常无欲，可名于小[④]；万物归焉而不为主，可名为大[⑤]。以其终不自为大，故能成其大。

注释

①泛：广泛。

②辞：推辞。

③不为主：不认为自己是主宰。

④小：渺小。

⑤大：伟大。

译文

"道"广泛流传于世，没有什么地方是它到达不了的。万物都依赖着它，它也不会拒绝。虽然它有着养育万物的功劳，但却并不会为此而主宰万物，它毫无私心，我们可以叫它"小"。即使万物都臣服于它，它也不认为自己是主宰，我们也可以叫它"大"。圣人就像"道"一样，即使伟大也不以此为骄傲，所以才成就了他的伟大。

解析

秦始皇获得过无数人的拜服；汉武帝获得了天下的臣服。然而今天，他们都只剩一个名字罢了，他们的名字也只是一个符号，代表这个人曾经在世界上出现过，而所有的功业，都已随着时间的流失消失殆尽。写这本书的圣人老子，我们不知道他的生平事迹，甚至他是谁都不知道，只留下了《道德经》五千言和骑青牛出函谷关的传说。千古功业都化为了尘土，即便在人生旅途上做出了巨大成就，又有什么值得骄傲的呢？所以我们的功业就像冬天的冰一样，看似坚如磐石，只要春天来临，就会迅速消融。

道是发展的变量，如果人人都成为一块不懂思考的石头的话，那么人类的存在也就没有意义了。建功立业并不是每个人的终极目标，所谓的功业对我们自身的发展甚至是没有好处的。更多情况下，功业只是我们获得别人尊敬、满足个人欲望的工具罢了。

我们常说“春秋无义战”，意思是整个春秋战国时期的战争都是没有合法性的，都是为了满足统治者的欲望。何止是春秋时期，人类历史上绝大多数战争都是没有必要的，人类社会中绝大多数的纷争也是没有必要的。每个人都想争夺更多的利益，最终的结果却是在争斗中消耗掉了大量资源，本来美好的生活被破坏。可以说没有谁是在争斗中获利的，胜利者得到的只是欲望的满足罢了。

有一些人虽然获得了至高无上的权力，在普通人看来，可以说是人生的胜利者了。但是他并没有用手中的权力来造福于民，而是用权力来享乐，最终结果害得民不聊生，自己也落得个身败名裂、后世唾骂的下场。

秦朝宰相赵高，在后世人的眼里就是一个阉人。说他是阉人，无疑有侮辱他的成分在里面，因为事实是，他确实当过宦官，但并没有被阉割。他生前因为倒行逆施的举动，才招致了后世的非议和辱骂。

赵高的祖上是秦国王，可算是秦王室的远亲，由于他父亲犯罪，他的家人被株连为奴。这人确实勤奋，而且精通法律，为人聪明机智，被秦始皇提拔为中车府令掌皇帝车舆。这份专门为皇帝工作的职务在古代就被称为宦官，只是秦汉以后所有宦官都需要被阉割，赵高这才背负了“太监”的名称。成为皇帝近臣的赵高虽然职位不高，但是却能参与国家机密。他还有一个职务是负责教导秦始皇的少子胡亥，可见秦始皇对他的信任。

赵高并没有善待这份信任，秦始皇驾崩之后，他密不发丧，矫诏将太子扶苏赐死，和李斯一起拥立毫无才能的胡亥即位。在掌握权柄之后，又设计杀死了曾经的盟友李斯，取代李斯成为大秦帝国一人之下、万万人之上的丞相。胡亥这人软弱无能，对赵高非常依赖，秦朝的权柄实际上被赵高把持了。

在赵高的统治下，秦朝民不聊生。陈胜、吴广大泽乡起义，掀起了毁灭秦王朝的浪潮。一个世界上最强大的国家，在短短三十年内就灭亡，赵高难辞其咎。李斯临死前也曾经说过：“今反者已有天下之半矣，而心尚未寤也，而以赵高为佐，吾必见寇至咸阳，麋鹿游于朝也。”

如果一个人，他的聪明才智不是为了造福于民，而是为了满足自己的私欲，即便拥有了足够的权力，也只是祸国殃民罢了。赵高的权力不可谓不大，手腕不可谓不深，智商不可谓不低，但是就是这样一个掌握国家权力的人，亲手葬送了这个国家。不合于道的权势难以持久，纵有强横的时候，但是已经埋下了灭亡的祸根。

第三十五章　执大象，天下往

原典

执大象[1]，天下往。往而不害，安平太[2]。乐与饵[3]，过客止。道之出口，淡乎其无味，视之不足见，听之不足闻，用之不足既。

注释

①象：景象。

②太：同“泰”，意为安稳、太平。

③饵：美食。

译文

掌握大道之人，就得到了天下。天下之人若归附于掌握大道的人，那么大家就不会互相残害了，天下一定会安稳、太平。话虽如此，但美食声色等诱惑总能轻而易举地让人偏离大道！虽然这些传道之言表面上听起来平淡无奇、索然无味，但当你真正理解而运用自如的时候，它便能让你受益匪浅。

解析

大道无所不在，能够看到大道的人却寥寥无几，而能够把握住大道，顺应道的法则行事，就能无往不利。从小处说可以明哲保身，大处看可以获得天下的归顺。每个人都喜欢到野外郊游，因为野外是最接近大自然的地方。钢筋水泥修建的宫殿再华丽壮美，也没有大自然的风景壮丽、沁人心扉。接近大自然是获得道的重要途径，得到道的认可后就能与自然融为一体，在别人眼里也将变得与众不同。

城市将生活变得更美好，但是城市生活也让我们失去了太多与自然亲近的机会。城市里的规则都是人制定的，甚至花草树木也要按照人的意愿长出各种形状，不合人类要求的枝叶就会被剪掉，甚至会被连根拔掉。大自然中最霸道的就是我们人类了，人类肆意破坏大自然，然后将其改造成自己想要的样子。然而，违反道就会带来灾祸，顺应道我们才能和谐而长久地发展。

代表世界上最先进能源技术的无疑是核电开发，然而切尔诺贝利核电站核泄漏事故成为人类历史上永远的伤痛。我们过于依赖自身的力量，一旦我们掌握了科技就能主宰一切。核技术如果谨慎使用的话，污染是可以控制的，并不会造成大范围的破坏。如果我们肆无忌惮地开发利用，本来可控的核技术将变得危险异常。

切尔诺贝利核电站位于苏联基辅市北 130 公里的地方，是苏联 1973 年开始修建、1977 年启动的最大的核电站。1986 年 4 月 26 日，苏联切尔诺贝利核电站发生世界上最严重的核事故。这次事故被列为七级，这也是核事故的最高级。

切尔诺贝利核电站的核泄漏事故并非不能避免。这座电站共有 4 台机组，4 月，按计划应该对第 4 机组进行停机检查。由于电站人员多次违反操作规程，导致反应堆能量增加。26 日凌晨，反应堆熔化燃烧，这时的反应炉就像一个不断充气的气球，最终压力太大引起爆炸，保护壳被冲破，厂房起火，放射性物质泄出。由于温度太高，消防员的靴子陷没在熔化的沥青中，用水和化学剂灭火，瞬间就被蒸发掉了。1、2、3 号机组暂停运转，电站周围 30 公里宣布为危险区，撤走居民。事故发生时当场死亡 2 人，因遭辐射而受伤的达到 204 人。

5 月 8 日，反应堆停止燃烧，温度仍达 300℃；当地辐射强度最高为每小时 15 毫伦琴，基辅市为 0.2 毫伦琴，而正常值允许量是 0.01 毫伦琴。此后，瑞典也检测到了放射性尘埃，辐射超过正常水平 100 倍。直到这个时候人们才知道苏联发生了核泄漏事故。西方各国紧急从基辅地区撤出各自的侨民和游客，并拒绝接受白俄罗斯和乌克兰的出口食品。

在灾难之后的两年中，共有 26 万人参加了事故处理，工作人员为 4 号核反应堆浇了一层又一层的混凝土。整个核电站变成了一个巨大的“棺材”，只是埋葬这个棺材比建造世界上任何一座陵墓都要复杂和费时。在处理事故的过程中，人们清洗了 2100 万平方米“脏土”，并为核电站职工另建了斯拉乌捷奇新城，为撤离的居民另建 2.1 万幢住宅。这两年间的直接经济损失就达到了 180 亿美元。

时至今日，切尔诺贝利事故伤亡的人数不断增加，甚至不能做出有效的统计。10 年后，放射性物质仍在继续威胁着白俄罗斯、乌克兰和俄罗斯约 800 万人的生命和健康。这次放射性物质泄漏，污染了欧洲的大部分地区，对人类造成的伤害还将持续一百年。

在这场事故中，苏联的信息封锁让其饱受批评，我们人类的劣性，使我们在巨大的灾难面前也不能团结，还想着无谓的争执。这次事故给人类敲响了警钟。道是和善的，但并不是一直保持和善的一面。道只是大自然的规律而已，真正决定我们生活的是我们自己。只要顺应道，我们就能获得美好的生活。

第三十六章　将欲弱之，必固强之

原典

将欲歙[①]之，必固张之；将欲弱之，必固强之；将欲废之，必固兴之；将欲取[②]之，必固与[③]之。是谓微明，柔弱胜刚强。鱼不可脱于渊[④]，国之利器不可以示人。

注释

①歙：束缚、收敛。

②取：夺取。

③与：同“予”，意思是给。

④渊：指深水。

译文

若想束缚它，首先要扩张它；若想使它的力量减弱，首先要使它变强；若想废黜它，首先要推举它；若想得到它，首先要给予它。这样做才不易被人察觉，柔弱能战胜刚强。鱼要生存就不能离开水，国家的刑法规章不能轻易示人。

解析

一千个人眼里有一千个哈姆雷特，不同的人眼里看《道德经》得到的也是不同的感悟。在阴谋家眼里的老子也是一个阴谋家，这些人认为道德经里还教导了“怎么将别人打倒”的知识，这些知识充满了阴谋的味道，让人防不胜防，将这些知识“烂熟于心”就能无往不利。老子行事光明磊落，绝不是一个阴谋家，他只是叙述自然界的规律罢了。

老子在这一章里说：想要让他衰弱，必须先要让他强大。这样的表述很容易让我们想起一个充满阴谋论的词语——捧杀。捧杀这个词最早出现在《风俗通义》中，让我们一起来看看这个最早的捧杀故事。

长官有一匹非常好的马，见过这匹马的人都说这匹马非常神勇，肯定是日行千里的骏马。长官很喜欢别人这样说，骑在马上非常自豪。为了向人夸耀自己的马，无时无刻不在骑着。但是正是骑得太多，长官的骏马居然被累死了。人们夸赞他的骏马，并不是真心为了夸赞，是为了让他多骑，将马累死。这里的夸赞甚至比辱骂还要可怕，因为每个人都知道提防自己的敌人，捧杀你的人却防不胜防，唯一的防备方法就是谦虚谨慎。

很多人在取得了一点点成绩之后就开始志得意满，如果被有心人利用，对你进行一番吹捧，很容易就会让你被成绩冲昏头脑。在生活中被人捧杀的人不计其数，甚至有些人英雄一世，也躲不过被捧杀的命运。

关羽勇力过人、用兵如神，这样的千古英雄能够斩华雄、诛文丑、杀颜良、过五关、斩六将，但是却在人生最辉煌的时候败走麦城，最终落得个身首异处、功败垂成的下场。

公元 219 年，关羽镇守荆州，虽然前有曹操虎视眈眈，后有孙权居心难测，在关羽的精心布置下，无论是曹操还是孙权想要得到荆州都非易事。吴国谋士陆逊向大将吕蒙建议道："关羽自恃英雄了得，谁都不放在眼里，但是对您却是有防备的。只要您假装离开军队，找个庸碌之人接替您的职务，关羽就会轻敌，到时候您就可以趁关羽不备一举攻陷荆州了。"

吕蒙听从他的建议，假装有病离任，让陆逊接替他的职务。关羽见接替吕蒙的是个名不见经传的小人物，不由地起了轻视之心。不久之后，陆逊的使臣带着礼物和给关羽的信来到了荆州。关羽指着陆逊派来的来使说："孙权见识短浅，竟让这样一个读书人当大将。"来使跪着说："陆将军命小人送来书信和礼物，一是向您表达恭敬之情，二是希望两家同心协力对抗曹贼。"关羽打开书信一看，陆逊遣辞极其谦卑恭敬。关羽仰天大笑，就命令来使回去了。陆逊得知关羽的表现后说："关公大笑，就不会再提防江东了。"

关羽果然没有再防范吴国，将荆州的大半兵将调往了与曹操对阵的前线樊城。这时曹操派遣使臣到吴国，要求孙权夹击关羽。孙权早就想重新得到荆州了，很快就同意了曹操的建议。这样本来是孙刘联合对抗曹操，就变成了孙曹对抗刘备了。孙权命令吕蒙袭击荆州，务必将之一举拿下。吕蒙让士兵扮作商人，潜入荆州城中，里应外合，很快就攻陷守备空虚的荆州。

关羽丢掉了荆州，只好带着剩余的兵马南下攻取江陵，但是在吕蒙的攻击下节节败退，最后只能困守麦城。在既没有粮草，也有没有援兵的情况下，关羽选择突围。但是吕蒙已经在关羽逃跑的路上埋伏了士兵，关羽一路过，就被埋伏的士兵生擒活捉了。这一年的 12 月，关羽被斩首，荆州彻底成了吴国的领土。

在民间说书先生的叙述中，这个故事被称为"关公大意失荆州"。事实上，只要关羽不大意，也就不会轻易失去荆州了。而他之所以"大意"，正是被陆逊捧杀的缘故。关羽战功赫赫，没有人敢轻视他的存在，但是过刚易折，索性大力吹捧他，让他自己折断。

物极必反是自然规律，强大到一定程度就会失败，陆逊捧杀关羽也只是对自然规律的运用罢了。道的规律可以用于阴谋，也可以用于修身养性，道本无善恶之分，有善恶之分的是人。

第三十七章　无为而无不为

原典

道常无为而无不为①。候王若能守之②，万物将自化。化而欲③作，吾将镇之以④无名之朴，镇之以无名之朴，夫将不欲。不欲以静，天下将自定。

注释

①无不为：没有什么做不到的。

②之：指道。

③欲：贪念。

④以：倚仗。

译文

“道”什么事情都不能做，却又什么事情都能做。王侯若以道治国，那么任何事物都将按照规律顺其自然地发展下去。如果因顺其自然地发展而产生贪念，那么我就要用“道”来净化它。“道”中的真朴将镇压贪婪之心，世间万物若无贪婪之心，那么天下便能安定了。

解析

大道运转，无声无息，无休无止，万物因此而生长。上古帝王政令不多，百姓安居乐业，所以天下归顺。如果能够明白大道，了解上古帝王的管理方法，就知道他们对万物和百姓不横加干涉。每个人都可以对自己的行为负责，勤劳就会多收获，懒散就什么都得不到。人民在没人干涉的时候自然知道春耕秋实、安居乐业，天下也就大同了。

一个喜欢发号施令的君主，很难给予民众安宁的生存环境。就拿一个家庭来说，父母太过强势，教育出来的儿女绝对是唯唯诺诺的人。只有让儿女按照自己的兴趣发展，才能成为对社会有用的人才。有智慧的父母，总是去引导孩子，而不是处处要求孩子。有智慧的领导者，总是为百姓提供安定的生存环境，而不会让百姓干这干那。

汉朝初年，天下始定，人民非常渴望平静的生活。汉朝的统治者们信奉“无为而无不为”的治国之道，无论是皇帝还是大臣都是老子的信奉者。在他们治理下，汉朝国力强盛，同时也涌现出一大批名臣。

汉惠帝二年，相国萧何死后，曹参成为新的大汉相国。俗话说新官上任三把火，何况是新上任的相国呢？人们都想知道他上任后会有什么作为。但是时间一天天过去，国家所有事务都没有改变，好像他完全不关心国家似的。不过在选拔官吏上曹参有自己的一定之规：言语钝拙的忠厚长者，就让他加官晋爵；说话雕琢、严酷苛刻的人，就将其罢免。

除了在选拔官吏上表达了自己的意见外，曹参基本上不过问政事。他非常喜欢喝醇厚的酒，常常举行晚宴。有人看不过，想向他进谏，他只是请人喝酒，直到那人醉了，进谏的话也没能说出口。相国的官邸和官员们的住处很近，那些官员每天喝酒唱歌，曹参的随从很厌恶他们，但又不能把他们怎样。随从们想了个办法，请曹参去后院游玩，希望曹参能够斥责他们，没想到曹参竟然和他们一起喝起了酒。

惠帝也责怪相国不理国事，但是也不好意思当面斥责他，就命令曹参的儿子曹窋向他进谏。曹窋找到了合适的机会，按照惠帝的指示劝告了曹参，曹参非常愤怒，为了惩罚他用竹板打了他二百下，说："天下事不是你能够谈论的。"

第二天朝拜结束后，惠帝将曹参留下道："你为什么责怪曹窋呢？那些话是我让他对你说的。"曹参将帽子摘下，以示谢罪，但是并没有直接回答惠帝的话，却反问道："陛下和高祖皇帝谁更有能力呢？"惠帝说："朕哪敢和先帝相比呢？"曹参又问："我和萧何谁更贤明呢？"惠帝答道："好像你不如萧相国。"曹参道："陛下说得很对。高祖和萧何平定天下，颁布了法令。现在陛下垂拱而治，我们臣子遵守先帝和萧何制定的律法，不要有所丢失也就是了。这样难道不可以吗？"惠帝这才说："朕知道，你下去吧。"

在曹参看来，既然萧何已经制定好了律法，按照他制定的规则执行下去就是，指手画脚反而破坏了原来的法令。人民需要的不是一个强势的统治者，而是一个能够保证他们安稳生活的守护者。只有保证一个个安稳的环境，百姓才能勤奋劳动从而创造更多的财富。

在企业的管理中也是这样的。企业管理者不应该对员工过多地指手画脚，而是协调他们之间的关系，为其创造良好的工作氛围，这样才能充分调动他们的积极性，从而创造更高的效益。如果将员工当作奴隶，当作赚钱的机器，那么管理者和员工必然离心离德。一些公司的人员流动性非常大，就是公司不能提供给员工一个理想发展环境的缘故。

第三十八章　有德无德

原典

上德不德，是以有德；下德不失德，是以无德。上德无为而无以为；下德无为而有以为①。上仁②为之而无以为；上义③为之而有以为。上礼为之而莫之应，则攘臂④而扔之。故失道而后德，失德而后仁，失仁而后义，失义而后礼。夫礼者，忠信之薄，而乱之首⑤。前识者，道之华，而愚之始⑥。是以大丈夫处其厚，不居其薄；处其实，不居其华。故去彼取此。

注释

①有以为：刻意去做，有意为之。

②上仁：上等的仁慈。

③上义：上等的义气。

④攘臂：伸着胳膊。

⑤首：开始。

⑥愚之始：愚昧的开始。

译文

拥有高尚品德而不刻意彰显的人，这才是真正的有德之人；品德低下的人总是刻意去修德，这不是真正的德。品德高尚的人总是顺其自然，品德低下的人虽然也强调顺其自然，但总是刻意地做一些事情来彰显自己的品德。大仁之人帮助别人没有私心，大义之人帮助别人通常怀有一定的私心。崇尚礼的人做事之后得不到响应，便伸着胳膊强迫别人顺从。所以，失去道之后才出现德，失去德之后才出现仁，失去仁之后才出现义，失去义之后才出现礼。礼是社会衰退的产物，祸便是从礼开始的。说自己能未卜先知的人，对道只是了解一些皮毛而已，这是愚昧的开始。所以，大丈夫应取德弃礼，取朴实弃浮华。因此要抛弃浮华，追求朴实。

解析

《道德经》分为上下两部分，上部分为《道经》，下一部分为《德经》，因此合称《道德经》。第一部分主要说的是大道，也就是自然的运行规律。老子从观察到的自然现象入手，总结出了世界运行的规律也就是“道”，所以第一部分被称为《道经》。在第二部分中，更多地将道的概念引入到人类社会的行为法则中。道的显现就是德，所以德更容易让人亲近。德能够帮助人们更明确地认识大道，从而对个人修养和在人生道路上产生更积极的影响。

本章是《德经》的第一章，这一章的主角不再是自然界，而是我们人类本身。人类是大自然的宠儿，没有哪个物种拥有人类的智慧，也没有哪个物种拥有人类社会这样复杂的组织。老子在探究天道之后，很自然地将目光聚焦于人类本身。人类社会和大道息息相关，探究道的本质不是目的，目的是通过对道的思索，找到人类社会发展的规律和人类的行为准则，这才是《道德经》的目的所在。

在这个世界上每个人都是不同的，所以才构成了这个多姿多彩的世界。我们要做的就是努力提高自己的学识和修养，更加接近道。要清醒地认识到人与人之间并不是完全平等的，虽然我们不愿意承认，但却是客观事实。努力就能得到更好的结果，放纵就会被道所抛弃。不要期望绝对的平等，那样是会限制我们的自由的。一个人勤劳刻苦，拥有了一点自己的财产。另一个人懒散笨拙，什么都没有。试想一下，如果有个人说："人人都应该是平等的，勤劳的那个人应该把财产分给懒惰的那个人。"这是合理的吗？显然是不合理的。

有一本小说里描写了一个人人完全平等的社会场景：为了保障人人都一样，每个人从出生就由集体来抚养，孩子们一起吃饭、学习，不能见自己的父母，更不能回家。所有人穿一样的衣服，吃一样多的食物，学习一样的内容，如此一来每个人都像从一个模子里刻出来的。

本来有的孩子天生跑得快，有的孩子天生力气大，有的孩子天生就比别人聪明。为了达到人人平等，给力气大的孩子带上沉重的手环，给跑得快的孩子带上脚镣，在聪明孩子的耳朵里加一个耳塞，重复播放嘈杂的声音以干扰他的思考。这样一来，每个孩子力气一样大、跑得一样快、智商也一样高。这样的社会简直就是地狱。

老子非常明确地说每个人的道德水平有高低，有的人是"上德"，也就是拥有美好的德行，有的人是"下德"，也就是说没有德行。有德行的人，受人尊重，没德行的人自然会受到唾弃。这个世界并不复杂，只要仅仅抓住道德的准绳就可以了。

第三十九章　贵以贱为本

原典

昔之得一者，天得一以清；地得一以宁；神得一以灵①；谷得一以盈，万物得一以生；候王得一以为天一正②。其致之也，谓天无以清，将恐裂；地无以宁，将恐废③；神无以灵，将恐歇④；谷无以盈，将恐竭⑤；万物无以生，将恐灭；候王无以正，将恐蹶。故贵以贱为本，高以下为基。是以候王自称孤、寡、不谷⑥。此非以贱为本邪？非乎？故至誉无誉。是故不欲琭琭如玉，珞珞如石。

注释

①灵：灵验、显灵。

②正：王、首领。

③废：崩塌。

④歇：绝灭。

⑤竭：枯竭。

⑥孤、寡、不谷：帝王的自称。

译文

自古以来与道融为一体的：天若得道便会清明，地若得道便会宁静，神若得道便会灵验，谷若得道便会充盈，万物若得道便会永生不灭，王侯若得道便会成为天下之明君。反言之，天则不再清明，恐将断裂；地则不再宁静，恐将崩塌；神灵则不再灵验，恐将消失；谷则不再充盈，恐将枯竭；万物则不再生长，恐将灭绝，王侯则不再是王侯，国家恐将覆灭。贵的根本是贱，高的基础是低，君王常称自己为“孤家寡人”，不正是以贱为根本吗？不是吗？最高的荣誉是不需要赞美的。因此，不要让自己变成如宝玉般华美尊贵，而是要像石头般不张扬。

解析

天地间的一切都是从道中得来的，它们显现的状态就是德。即便是自然界，不能一直按照道的德运行，也会出现问题。自然界并不只有生机勃勃，也有令人生畏的死寂。偏离道的轨迹，自然界将呈现出另一番景象。草原的草消失了，会让生命绝迹；森林被过度砍伐，会让黄沙覆盖；长久没有水源，就会让河流干涸。自然界背离了道，会遭到破坏；人类背离了道，同样会生出灾祸。

我们常常会感觉某人可以当作朋友，某人我们不应该和他亲近。有的人自然流露出一种让人信服的感觉，有的人一看就是贼眉鼠眼想要占人便宜一般。这是因为前者无喜无悲，内心宁静的缘故。而后者却有着一颗执着之心，这种人为了填满欲望这个无底洞，就会不断去追求，不断去索取，他就会将人分成几个种类。在不能遵守道德的人眼里，有的人是能够为我带来好处的，有的人是不能给我带来好处的；能给我带来好处的就亲近，不能带来好处的就疏远。但谁也不愿意和这种人交往，我们所谓的酒肉朋友多半就是这样的人。酒肉朋友在一起的目的就是吃喝玩乐，就是为了满足自己的欲望。当他有了新的欲望的时候，与之酒桌上相亲近的人就会形同陌路。这都是背离道的表现。真正有大智慧的人不会被一时的欲望所蒙蔽，他想的是如何掌握世界的规律，得到永恒的幸福。

魏晋名士风流，有些人虽然没有居庙堂之高，但是精神的伟大让很多人为之倾倒。孙登本来默默无名，过着隐逸的生活，他孑然一身，没有亲人，独自居住在北山的土窑里。他的生活远离世俗。夏天就穿自己用草编的衣服，冬天就披下长发覆盖身体。虽然貌似野人，但是文化水平很高，平生喜欢读《易经》，经常弹古琴。他这人性情温和，从来不发脾气，即便是面对别人的故意捉弄，也不以为意。有一次，他被人故意投入水中，想看他生气是什么样子，孙登自顾自地从水里爬起来，哈哈大笑，根本不当回事。

孙登之所以闻名后世，和一个人的到来有关。他居住在宜阳山的时候，司马昭得知了他的行踪，命令竹林七贤之一的阮籍前去拜访。阮籍才高八斗，等闲人入不了他眼里，却对孙登推崇备至。阮籍与孙登说话，孙登却默不作声。竹林七贤另一位重要人物嵇康跟随孙登三年，但是始终找不到机会与之交谈。直到嵇康将离开时，孙登才第一次与之说话："火能生出光来，如果不会用光，光就没有价值；如果会使用光，光就能发挥作用。一个人有才能，如不会使用，反而会招来灾祸，重要的是怎样使用自己的才能，做些有益处的事。一直添加柴薪，火才能一直燃烧；用才华认识道德真谛，才能得以保全。你虽然有才华，但是见识却不够，恐怕不会有好结果的。"由于嵇康的率直性格，决定了他的可悲命运，最终被司马昭所杀。

嵇康不能说没有智慧，更不能说没有才华，才华或许能成就一番功业，但是难以用来保全自己。嵇康留下了不少诗词歌赋，足以证明其才能。孙登只留下了只言片语和不多的几个故事，但是正因其得道，所以才能不被注意到。孙登的才学不在任何人之下，却不妄用才学，这样才不会招致灾祸。

第四十章　道之反复

原典

反者①道之动，弱者②道之用。天下万物生于有，有生于无。

注释

①反者：循环往复。

②弱者：柔弱。

译文

道之所以能循环往复，是因为发展是其内在动力，道微妙而柔弱。天下万物产生于有，有则产生于无。

解析

中国历史上有许多人寻仙访道，为的是长生不老。很多帝王将相权倾天下，也想获得永远保有自己的权势。可是历史上从来没有人能够突破生老病死的自然规律，只有极其幸运的一小部分人才能够活到100岁以上。虽然每个人都会死亡，但是人类已经繁衍了几十万年，而且还发展出了灿烂的文明。有死亡就会有出生，一代新人换旧人，这才保证了人类的发展和进步。世界上的事物无时无刻不在消亡，但是又无时无刻不在降生，在不断的出生与消亡中，体现着道的变化和永恒。

一块美味的鲜肉，放着不吃，用不了几天就会腐烂掉，这时候再想吃也吃不成了。那块美味的鲜肉并没有消失，只是转换了一下形态而已。如果将鲜肉放到冰箱里，就能保存更长的时间，虽然能在一段时间内保鲜，但终究还是会坏掉。人生的路途也是这样，不能永远得意，也不可能永远失意。路途是崎岖的，但是不转过另一个路口，根本不知道下一段路是什么样子，我们能够关注的只有脚下。对于个人来说，外部环境很难改变，如果一开始就将目标定得那么高，会让自己望而生畏。就像爬山一样，在山脚下发誓，一定要爬到山顶，抬头一望，山峰高耸入云，还没爬，腿就软了。不妨一步步走下去，或许在不经意间就能爬到顶峰。

我们常说一句话："三十年河东，三十年河西。"本是说，从前黄河泛滥，河道不固定，每过一段时间就会改道。一个地方以前可能是在河的东面，一些年后，黄河改道，这个地方可能就会成为河的西面。人事的盛衰兴替和黄河实际是一样的，变化无常，难以预料。

郭子仪是唐朝中兴之臣，安史之乱爆发后，郭子仪率兵南征北战，为平定叛乱立下了汗马功劳。皇帝为了表彰他的功绩，将公主嫁给了郭子仪做儿媳，并为之建造了富丽堂皇的河东府。

郭子仪谨小慎微，虽功高盖主，但是从不放肆妄为。可他的孙子就不同了，出生名门之后，从小娇生惯养成性，长大后更是挥霍无度，等到先辈们去世后，万贯家产被消耗殆尽，他只好沿街乞讨。

一天，他来到河西庄，想起 30 多年前的奶妈，便去寻访。到了乳母家，只见粮囤座座，牛马成群。当年给人当乳母的人，如今已经是有名的富人了。但是乳母的后人们虽然有钱，但都亲自在干活，他就问："你家那么有钱，为何还要自己劳作?”乳母的儿子就说：“家产再大，也会吃空。家母在世时，领我们创业，才有此家业。勤俭持家，乐趣无穷啊!”乳母家人念在当年情分上，让他做账房，但是他对管账一窍不通，主人不禁叹息道：“真是三十年河东享不尽荣华富贵，三十年河西寄人篱下。”

没有永远的富贵，也没有永远的贫贱，但是可以永远保持一颗向道德心。兴旺和发达并不是凭空来的，都是努力的结果。郭子仪的努力，换来了三世荣华富贵；乳母家族的努力，换来了豪富之家。但是不保持本色的话，再多的产业迟早会被败光。古时候的君子，时时保持着恬淡朴素的心境，虽然有荣华富贵的生活，从不让其侵扰内心，处处以静自守。这样一来，道德变化就能成为工具，而不是损伤自我的利器了。

第四十一章　下士闻道

原典

上士[1]闻道，勤而行之；中士闻道，若存若亡；下士闻道，大笑之。不笑不足以为道。故建言有之：明道若昧，进道若退，夷道[2]若纇。上德若谷；大白若辱[3]；广德若不足；建德若偷；质真若渝。大方无隅[4]；大器晚成；大音希声；大象无形；道隐无名。夫唯道，善贷且成。

注释

①上士：这里指有智慧的人。

②夷道：平坦的大道。

③辱：污垢。

④隅：棱角。

译文

上士听人讲道之后，会付诸行动；中士听人讲道之后，可能会被打动，但不会去实行；下士听人讲道之后，只会一笑而过。如果不被嘲笑，那就不是道。所以，便有了这样的说法：光明之道好像黑暗幽深，前进之道好像在退后，平坦之道好像蜿蜒曲折。高尚的道德就像山谷一样，最洁白的东西好像有污点，宽广的道德好像有不足之处，刚建立的道德好像非常懒散，纯真的道德好像浑浊不堪。最四方的东西好像没有棱角，最珍贵的宝物好像是最后完成的。最大的声音好像听不见，最大的东西好像看不见，大道反而没有名字。唯有“道”才能成就万物。

解析

在神话传说中龙生了九个儿子，他们的性格千奇百怪，各不相同，所以有了“龙生九子，子子不同”的说法。在中国传统文化里“九”代表极多的意思，这句话并不是龙生了九个儿子的意思，而是为了说明世界上的事物并不是完全相同，即便是从同一处出生的，也各有各的特点。同样的，人与人也不尽相同，每个人都有自己的特性，虽然有长相相近的人，不过没有两个人是完全相同的。虽然每个人在道的面前是完全平等的，但是每个人的经历不同，价值观和悟性也不尽相同。有的人听到道的概念时，只是默默地按照道的准则行事。有的人听到道时，能够感知道的存在，但是不能够按照去做。还有的人根本不相信有道这么回事，他们听到有人在解说道的时候，只会哈哈大笑，嘲笑他们愚昧无知；见到躬行道的准则的人，则会辱骂他们迂腐无能。这样的人注定一生得不到真正的快乐。

与得道之士不同，普通人被欲望蒙蔽了双眼，在他们看来这世界上只有自己是重要的，周围的一切都是为自己服务的。他们都像赌场里的赌徒一样，赢了哈哈大笑，输了却伤心欲绝。甚至赢了之后他们的快乐只能维持很短时间，不久后就会更加悲伤。赢钱之后他们不会带着自己的胜利品离开，而是会继续赌博，结果就是将自己的钱全部输掉。因为曾经得到过很多，所以这时的输会给他们带来更大的打击。

曾有一个故事，生机勃勃的树林环抱着一个宁静的小湖，小湖旁边住着一对夫妇。他们的生活非常安享，几乎与世隔绝。有一天，一群美丽的天鹅飞来了。天鹅们在湖面上翩翩起舞，不时俯冲到湖面上捕捉小鱼吃。两个寂寞的老人难得有来访的客人，这群天鹅让他们非常高兴。他们拿出美味的食物来喂给天鹅，还帮天鹅们捕鱼。刚开始的时候天鹅们非常害怕这对夫妇，不敢靠近他们的房子。渐渐地天鹅感觉到了老夫妇的善意，开始去吃老夫妇准备的食物。天鹅和老夫妇相处得越来越融洽，老夫妇给天鹅们提供食物，天鹅们为老夫妇舞蹈。

春去秋来，天气渐渐冷了，一排排的大雁飞到老夫妇所在的小湖，又飞走了。但是这群天鹅和老夫妇的关系越来越亲密，丝毫没有飞走的意思。天气越来越冷，树叶已经零落，青草也已经枯萎，霜雪降临到了这片大地上。天鹅们被冻得瑟瑟发抖，已经不能挥动翅膀了。冬天到来，这群天鹅全部被冻死了。

这群天鹅被美味的食物所吸引，安稳的生活将它们求生的本能消磨殆尽。老夫妇的爱已经使天鹅们偏离了自己的道，偏离道的结果只能是走向灭亡。天鹅的道就是天热了向北方迁徙，天气冷了向南方迁徙，永远追逐最适合生存的土地。如果天鹅的生活规律被破坏掉的话，它们就不知道该怎么做了。

那些听到道就大笑的人和故事中的天鹅一样，忘记了本身是自然界的一部分。他们做事完全不考虑后果，是贪婪将他们一步一步推向了死亡的深渊。

第四十二章　益之而损

原典

道生一，一生二，二生三，三生万物。万物负阴而抱阳[①]，冲气以为和。人之所恶，唯孤、寡、不谷，而王公以为称。故物或损之而益[②]，或益之而损。人之所教[③]，我亦教之。强梁者不得其死，吾将以为教父。

注释

①负阴而抱阳：背朝阴面而朝向阳面。

②损之而益：损害它，它却得到好处。

③教：指经验、教训。

译文

道是所有事物的主体，它衍生出阴阳二气，阴阳二气结合之后又生成第三种状态，而万物就是从这第三种状态中产生的。世间万物都不喜欢向阴而喜欢朝向阳面，之后便在阴阳二气的相互作用下形成新的和谐状态。人们最讨厌的就是“孤”、“寡”、“不谷”，但君王却喜欢用这些词来自称。所以，世间万物的损益是相互的，有益就有损，有损便有益。这是前人留下的至理名言，我也用这些话来教育别人。“凶狠残暴的人不能善终”，我要把这句话作为施教的主旨。

解析

老子在这一章里展示了他的宇宙生成观，他认为这个世界并不是凭空产生而是有本源的。世间万事万物都从本源产生，并依照规则拥有了不同的形态。老子用“一”来形容道原本的状态，在道还没有显现出来的时候，是混沌的，所以用一来形容。事物的发展并不是一条直线那样的单一而纯粹，在不同的阶段，事物会发展成不同的形态。《易经》上说“一阴一阳之谓道”，阴和阳就像事物的两面一样，阴阳相互独立又是统一的整体。

大到宇宙小到我们人类本身都是从一发展出来的。越来越多的观点支持宇宙大爆炸理论，在宇宙大爆炸理论中，宇宙原来是不存在的，存在的只是一个积点，这个积点就可以说是老子思想里的“一”。积点的能量增加到一定程度发生了大爆炸，时间、空间、物质开始产生，随着时间的推移慢慢形成了各种各样的星球和星系。太阳也可以说是个“一”，以太阳为中心，慢慢形成了八大行星，其中一颗行星上产生了生命。生命在最初的时候只是一个细胞罢了，正是这个细胞，不断分裂才形成各式各样的生命。每个人在最初的时候都是一个细胞，这个细胞叫作卵子。卵子在母亲的孕育中不断分裂，人才得以成长。何止如此，人类社会中的所有事，必有一个起源，随后才能发生后面更多的事。

很多人知道梁思成是因为他是林徽因的丈夫，知道林徽因是由于她是徐志摩所爱的人。如果没有徐志摩和林徽因的相遇，那么整个民国时期的爱情传奇一定会失色很多，正因为有了那场相遇，才有了他们之间缠绵悱恻的爱情故事，后人才会津津乐道。这么看来，林和徐的相遇就是最初的“一”，后来都是“一”的发展。

徐志摩出生名门望族，年轻时到法国留学，他父亲是有名的银行家，为了子承父业，他读的是政治经济学。但是对文学的热爱，让他渐渐放弃了经济学的学业。徐志摩辍学后并没有马上回到家乡，而是在欧美各国游历，以增长见识。在伦敦时，他听说著名书法家、诗人林长民也到了伦敦，他便上门求教。随林长民一起到伦敦的，还有他那知书达理的女儿林徽因。徐志摩与林徽因第一次相遇后，从此他们的人生轨迹被改变了。

当时徐志摩已经有了妻子，其父反对他与林徽因交往，并与之断绝了父子关系。没有了生活来源的徐志摩越发在文学上展现自己的才华，成为民国新文学运动的一面旗帜。当时林徽因也有了未婚夫，这个人就是大名鼎鼎的梁启超之子梁思成。正是在林徽因的提醒下梁思成才潜心研究建筑学，并成了著名建筑大师，清华建筑学院就是梁思成创办的。

如果没有他们的相遇，徐志摩或许只是一个银行家，林徽因也只是一个普通的民国名媛，梁思成的生活轨迹也必将不是现在的样子。“道”扑朔迷离，只是一次相遇而已，便由此引发了无数让人津津乐道的故事。

世界上所有的事物都有一个起点，同样的任何一次偶然都可能引发出无数的事来。如果能够掌握足够多的资料，明白事物之间的联系，就有可能推测以后将要发生的事物。然而这并非绝对，因为这个世界的规则并不是死板的数学公式，有许多事情我们并不能控制。然而不变的是，无论是这个世界还是我们自己，每时每刻都在变化。

第四十三章　无有入无间

原典

天下之至柔[①]，驰骋[②]天下之至坚[③]。无有入无间，吾是以知无为之有益。不言之教，无为之益，天下希[④]及之。

注释

①至柔：最柔软。

②驰骋：这里指畅通无阻。

③至坚：最坚硬。

④希：通“稀”，意为稀少。

译文

天下最柔软的东西，能在最坚硬的东西中驰骋穿行。无形之道可以进入一切没有间隙的东西，我因此知道了无为的好处。这种不用语言的教导和无为的好处，恐怕天下间很少有人能领会。

解析

天下最柔弱的东西是什么呢？有人说是风，微风拂面，让人感到无限温馨。风吹过树叶，就能演奏出最和谐的旋律。还有人说是水，柔弱的水从不争执，总是默默地向下流，遇到坑就积攒，遇到山就躲避。然而无论是风还是水都有让人忌惮的一面：一场大风能够将粗大的树连根拔起，还能将坚固的房子吹倒；一场洪水也能让无数人丧命。

风和水是柔弱的代表，却比许多坚硬的东西还要刚强。顽石是非常坚硬的，柔弱的水滴却能够将顽石击穿。即便是石头里面坚硬的钻石，水刀切割机也能够轻松将其切割开。风和水并不是时刻柔弱的，只是没有必要随时展现自己的力量罢了。聪明人从来不在人前显现自己的聪明，睿智者不会让人以为他是睿智的，如果因此就轻视他，那么离灾祸也就不远了。

古时候有一个厨子替文惠君宰牛，只见他用手抓、用肩扛、用脚踩、用膝盖抵、用刀割等动作一气呵成。观看他宰牛是一种美妙的享受，就像聆听美妙的音乐一样。文惠君被厨子技艺打动了，赞叹道："你宰牛的技术像艺术一样，你是怎么做到的呀。"

厨子答道："刚开始学习杀牛的时候，我只能看到一头完整的牛，拿着刀甚至不知该如何下手。三年之后，再见到牛的时候，我眼中已经不是头牛了，只是一块一块的牛肉而已。牛的结构我都一清二楚，知道从哪下刀就能将牛切开。现在杀牛，已经不需要用眼睛看了，凭感觉切下去就能将牛分解开，因为对于牛的构造我已经烂熟于心了。只要拿着刀顺着缝隙将骨节处切开就行了，甚至碰不到脆骨和肌肉的连接处，更不要说碰到大骨头了。

"技术高明的厨子，每年只要换一把刀，因为他要用刀子将肉切开；普通的厨子，一个月就要换一把刀，因为他用刀去砍骨头。我这把刀已经用了十九年了，杀了数千头牛，刀口还是非常锋利的。用锋利的刀去划开骨节间的空隙，刀活动的空间绰绰有余，这把刀自然不会有损伤。

"虽然我很有把握分解开一头牛，但是碰到筋骨交错难辨的地方，还是会特别小心。每头牛的结构在细微的地方是不同的，如果不注意的话就会使刀锋碰到骨头。只要不大意，我稍稍一动刀，牛就像堆到地上的土块一样分开了，我还非常轻松。然后就能满意地收起刀来了。"

刀虽然坚硬，但是用刀和牛骨头硬碰硬的话，刀也坚持不了多长时间。只有用刀去割牛最柔软的部分，才能省时省力地将牛分解开。没有接触到大道的人是不能看到牛骨头之间的内在联系的。任何事物中间都有细小的缝隙，虽然肉眼不一定看得到，但是只要用心查找总能找到。当我们掌握了观察世界本质的技巧，就能做到用最柔弱的方法做到最刚强的事。刚强并不是一味地保持坚硬，而是要符合道的规律，用合适的方法去处理事情，才能达到最好的效果。

第四十四章　知止不殆

原典

名[1]与身孰亲？身与货[2]孰多？得与亡孰病？是故甚[3]爱必大费，多藏必厚亡，故知足不辱，知止不殆，可以长久。

注释

①名：名声。

②货：财产、财富。

③甚：过分、过度。

译文

名声与生命哪个更珍贵？生命与财产哪个更重要？获得好处与失去生命哪个更糟糕呢？过分地追求名利一定会耗费巨资；过分敛财，最终定会损失惨重。所以，人要懂得知足，这样才不会受挫折；人要懂得适可而止，这样才不会遇到危险。如此才能长久地生存下去。

解析

有很多自以为很聪明的人，生怕别人不了解自己的聪明才智，处处都显得比别人优秀。这种人或许有些小聪明，这些小聪明能够帮他得到许多好处，于是便沉迷在了小聪明中。我们对自身认知是有局限性的，眼睛能看到得不够远，耳朵能听到得不够多，鼻子能闻到的也非常少。我们往往依靠这些不够精确的感官认识去分析这个世界，得到的结论只能是谬以千里。

只能看到表层的意思，而不能看透事物的本质，反倒以为自己看到的就是全部，这是多么愚蠢的行为呀！智者知道什么时候展现自己的聪明才智，平庸的人却以展现自己的才智为得意。有些小聪明并不是坏事，起码能够比普通人看得更远，更容易接近事物的真相。在我们与外部世界接触时，如果常常不能自我控制和把握，使个人贪婪的欲望不断滋生和增长，这样就会使我们变得愚蠢而遭人厌恶。

生活中这样自作聪明的人非常多，总以为世界上只有自己是聪明的，以为自己能够看到别人看不到的东西，然后他利用看到的东西获取利益。实际上他的所作所为已经在别人的眼皮底下了。上学时有些学生特别喜欢向老师打小报告，还以为别人不知道是自己做的。实际上每个人都知道他的行为，只是没人当面和他说罢了。最终的结果，只能是同学们渐渐与之疏远。

历史上也有一些人本可以成就一番事业的，但是被自己的小聪明蒙蔽了心智，最终落得个身首异处的下场。

在中学语文课本中收录了《三国演义》中的一个故事《杨修之死》。杨修可谓是才高八斗的人物，但是他的聪明才智并没有带给他好运，甚至在曹操选定接班人和带兵打仗的问题上他也指手画脚，常常惹得曹操不满。

有一次曹操修建了一座花园，曹操去游玩时在大门上写了个“活”字。杨修说：“门里面一个活字就是阔字，丞相嫌门口太大了，应该改小。”于是重修了大门。曹操虽然表面上夸奖了杨修，但是暗地里很不高兴。还有一次，有人送给曹操一盒酥。曹操在上面写了三个字“一合酥”。杨修便与众人分而食之。曹操问为什么把酥给吃了，杨修说："您写的是一人一口酥，就是让我们吃呀。"曹操说自己喜欢梦里面杀人，所以在睡觉时不要接近自己。杨修却说："丞相不是在梦中杀的人，是你们在梦里面而已。"难道就杨修一个人看出来了吗？肯定不是，但是只有杨修一个人说出来了。在立世子的问题上，曹操很难抉择，常常考验他的儿子们。但是杨修却屡次帮助曹植应付曹操的考验，这使得曹操越来越无法忍受他的自作聪明。

杨修的性格弱点最终要了他的命。在一次战争中，曹操感叹鸡肋"食之无味，弃之可惜"。杨修以此为依据，散布曹操要退兵的言论。最终杨修被曹操以惑乱君心的罪名杀死。

杨修的被杀，怪不得别人。在古代，统治者不会允许有下属看透他的所作所为，更不会允许下属在接班人问题上和战争问题上妄加揣测。杨修是个聪明人，能够看透曹操的所作所为，但是杨修的聪明只是小聪明，不懂得韬光养晦。善于使用自己的聪明才智，知止知退，才不会因为才智而遭受灾祸。

第四十五章　大巧若拙

原典

大成[1]若缺[2]，其用不弊。大盈若冲[3]，其用不穷。大直若屈，大巧若拙，大辩若讷。静胜躁，寒胜热。清静为天下正[4]。

注释

①大成：指大的成就。

②缺：欠缺。

③冲：空虚。

④正：通“政”，指君主、首领。

译文

再大的成就也有缺憾，但它的作用将永存不灭。再满的东西也有空虚之处，但其作用却无穷无尽。再笔直的东西也有弯曲的地方，再聪灵的人也有笨拙的时候，有些能言善辩之人看起来好像呆板木讷。清静能战胜躁动，寒冷能战胜炎热。只有清静无为的人才能把天下治理好。

解析

春天是万物生长的季节，人们会欣喜它的到来，不过春天毕竟不是收获的季节。到了秋天，虽然草木开始凋落，但是各种农作物也开始收获，这时候人们才是最高兴的。春天看起来是机巧的，秋天看起来朴实笨拙，带给人们最多好处的还是秋天。老子说“大巧若拙”，秋天的丰富和厚实，已经让它不在乎外在的形象了，甚至古拙的外在，已经成了其自保的方式。圣人孔子的形象也像秋天一样，但这丝毫不妨碍他的思想深深地影响了中国数千年的文明历程。

孔子是什么样子呢？在我们看到雕像和画像中，孔子有着高高的额头、四方大脸、浓密的眉毛、漂亮的长髯，动作一般是恭谨地行礼，一看上去就英武不凡，似乎就是圣人降世。尤其是宽衣博带，衣袂飘飘，想象中走起路来就像一座玉山将要倾倒一样。然而这是后人想象中的形象，可能和孔子真实的形象谬以万里。

国内很多学者精心考证，可以大致描绘出他的容貌来。孔子没有浓密的眉毛，更没有修长的胡须。子思说：“吾先君生无须眉，而天下王侯不以此损其敬”。子思说的“先君”就是孔子，子思很明白地说孔子“生无须眉”。所以，孔子不但天生没有浓密的眉毛，甚至可能就没有眉毛和胡子。他还是一位一米九几的大高个，史书都说他有“长九尺有六寸”高，周朝的一尺，差不多是现在的 19.91 厘米，这样算下来，九尺六寸差不多就是 191 厘米。就是在今天，也是名副其实的“高人”了，何况在普遍身材矮小的古代。当时孔子的身高一定是非常突出的，但是孔子的形象并不英武。他的上身很长，下身比较短，微微驼背，胳膊很长，额头非常突出，还很瘦。这样一副形象简直和所谓的圣人形象相去甚远。

孔子一生都是在操劳中度过的。《韩诗外传》说他不忍心“百姓靡安，莫之纪纲，礼义废坏，人伦不理”，于是“自东自西，自南自北，匍匐救之”。《论语》中记载，有人看到他，说他“累累若丧家之狗”，还说他像一个乞丐，尤其是饿了几天的情况下，想想都觉得非常可怜。

就是这么一个其貌不扬，甚至看上去有些呆傻的老头，成了“万世师表”的圣人。很多见过孔子的人对他的印象并不好，因为实在是没有什么过人之处，但是这正是“大巧若拙”的境界。能表现出来的机巧就不是机巧了。如果一个人看着就像一幅聪明伶俐的样子，那么这个人或许有点小聪明，但是肯定成就不了大事业，因为人人见到他都会提防他的。

无论是在生活中还是在工作中，老实人或许在某些时候是吃亏的，但是人生不会让老实人永远吃亏下去。我们的社会不是一群有功利心、充满欲望的人造就的，而是由心态平和、为了自己理想不断努力的人造就的。凭着一腔热血，是不会有多大成就的，从容淡定的人才能看透复杂的表象，找到最合适的解决途径。

第四十六章　知足常足

原典

天下有道，却走马以粪[①]。天下无道，戎马[②]生于郊。罪莫大于可欲；祸莫大于不知足；咎莫大于欲得[③]。故知足之足，常足矣。

注释

①走马以粪：意思是用战马耕作。

②戎马：战马。

③欲得：贪婪、不知满足。

译文

君王若以“道”治国，那么战马便可退出战场去田间耕作，反之，就算怀有身孕的母马也要在战场上生下小马。天下间恐怕没有比不知足更严重的祸患了，也没有比贪婪更可怕的过失了。所以常知足的人，才能永远保持满足的心态。

解析

我们是幸运的，因为我们没有再经历战争。无论是在电视剧还是在电影中，我们都见到过战争的场面。影视中尸横遍野、血流成河的场景，曾经就出现在我们生活的这片土地上，而且并不遥远。今天在这个世界的其他地方，战争仍旧在继续。战争中人类疯狂地自相残杀，世界上没有任何一个物种像人类这样容不下同类的存在。我们生怕占有的资源太少，拥有了一亩良田，就想拥有一大片土地；拥有了一大片土地，就想拥有一座城镇；拥有了一座城镇就想拥有整个国家；拥有了一个国家又想拥有整个世界；即便是拥有了世界，也是不会满足的，必定生出新的欲望。我们永远不知道什么是满足。贪婪和不知足是我们前进的动力，同时也是我们人类的大不幸。

可笑的是，我们不去把握拥有的东西，反而去追寻没有得到的东西。甚至为了追求未知的未来，将现在也丢弃了。人生就像一场旅行，旅行的终点并不是目的，沿途的风景才是我们应该在意的。常常听人说：无限风光在险峰。别以为所有的风景都在峰顶上。诚然，峰顶的景色确实秀丽，但是只要静下心来，就会发现身边的风景同样美丽。有个摄影师，专门拍摄别人废弃的东西或破旧的东西，她认为这些破旧的物件承载着岁月的痕迹，是最美的东西。不要总想着得到某些东西能够带来多少快乐，最终的结果可能是什么都得不到。多想想身边的人或事吧，这些才是生活的常态。一颗平静的心，能够买到世界上一切美好的东西。

贪婪只会给我们带来不幸，不会给我们带来任何好处。道给我们的东西并不少，只是我们自己不知足罢了。有非常多的民间传说描述了贪婪的恶果。这些故事有的有根据，有的可能只是凭空编造的，但都说明了人们对贪婪的厌恶。

老挝民间流传着一个“救人鱼”的故事。传说在老挝的湄公河里有一种会救人的鱼，如果船只遇难，或者有人落水，救人鱼就会聚集起来救人。虽然这些鱼味道鲜美，在市面上价钱很高，但是当地很多渔民感激这种鱼，达成默契不去捕杀这些善良的鱼类。

一些贪婪者却并不这样想，一个叫索朗的打渔人就打起了这些救人鱼的主意。一天夜晚，索朗假装落水，等救人鱼把他拖向岸边时，他却将这些救人鱼捕杀了。索朗的所作所为令人不齿，但是他丝毫不理会，整天好吃懒做，白天睡觉，晚上就去捕杀救人鱼。

为了获得更多的救人鱼，他想到了一个方法，扎草人去诱捕这些鱼。他为自己能想到这种方法非常得意，甚至有些兴奋。就在他将草人推到河里的时候，不想脚抽筋了，当时是晚上，虽然他大声呼喊救命，一直没人能听得见。救人鱼集结了过来，开始把草人推向岸边。这时索朗已经沉入了河底了。索朗的贪婪获得了一时的利益，但是终究受到了应有的惩罚。

每个老挝孩子都听过这个故事，在中国民间这样的故事也不在少数。偏偏有很多人不相信这些故事，因为他们看到太多作恶多端的人，拥有了香车美女，获得了所谓的成功。但是他们不知道的是，这些人虽然显赫一时，终究会被扫进垃圾堆。

第四十七章　不见而明

原典

不出户，知天下；不窥牖①，见天道②。其出③弥远，其知弥少。是以圣人不行而知，不见而明，不为而成。

注释

①窥牖：从窗户向外看。

②天道：大自然的运行规律。

③出：走到大门外。

译文

得道之人就算足不出户，也能以“道”推出天下大事；眼睛不看窗外，也能了解自然的变化。人走得越远，懂得的东西就越少。因此，有道之人无须出行就能洞悉天下之事，不用眼睛看就能明白道理，不刻意去做事就能有所成就。

解析

还记得老子是在什么情况下写出《道德经》的吗？

老子知识渊博，很有学问，为人沉稳豁达，曾长期在周王室任职，虽然仕途坎坷，几遭贬谪，仍不以为意。他担任时间最长的官职是周王室主管图书典籍的官职（相当于现在的国家图书馆馆长）。这虽然不是特别大的官，但是有机会接触和阅读全国最全最多的书籍，这使其有了更加深厚的学问。

老子年近80岁时，辞官不做，骑着一头青牛，离开了洛阳向西走去。函谷关的关令尹喜非常崇敬老子，对他的学识也非常钦佩。当老子来到函谷关时，尹喜便恳求老子说："你学问渊博，将要退隐了，就请在函谷关多住几日，为世人留下一部书吧！"意思是只有让老子做篇文章才放他离开。老子本不想留下书稿的，但是他不会和人争执什么，便与尹喜谈经论道。老子在函谷关逗留了三个多月，在这段时间里，将自己思想系统整理，写下了一本5000多字的经典。这本书就是人们所说的《老子》，也叫《道德经》。老子完成任务后，便继续骑上了青牛，走出了函谷关，后来就不知道到哪里去了。

事实上，对于老子来说，写不写这篇文章都是没有意义的。因为在他的思想体系里，大道是难以用语言表述清楚的，所以不需要著书立说，即便写下了这本书，也难以将自己的思想全部表达出来。正是因为老子从来不认为自己的学说有多么了不起，这才成就了他的伟大。

你让我写，为了过关，那好，我写给你就是。虽然是应付之作，老子也不会乱写一气，而是将自己的感悟细心梳理，能写便写，不能写也没有办法。在老子看来，写这本书就像春风化雨，是水到渠成的事。因为大道涉及万物，无所不至，那么写点东西也没什么大不了的。

圣人之所以是圣人，就在于圣人从来不和人去争一日之短长，只用最真挚和宁静的感情对待发生的一切。

第四十八章　为学日益

原典

为学日益①，为道日损②，损之又损，以至于无为。无为而无不为，取③天下常以无事；及其有事④，不足以取天下。

注释

①日益：指人的知识每天都在增加。

②损：减少。

③取：治理。

④有事：指扰民的苛捐杂税。

译文

做学问的人，他的知识越积越多，修道的人，他的欲望则每天都在减少，减之又减后便达到无为之境界。无为之人可以无所不为，能把国家治理好的人，通常以“道”为宗旨，若常以沉重的苛捐杂税扰民，那么恐怕早晚会失去天下。

解析

孩子的学习能力要远比大人强得多，从牙牙学语开始，孩子在很短的时间内就能掌握一门语言，同时，他们还在逐渐认识这个世界。有人说，孩子很聪明，无论什么歌，教一遍就会，这是歌曲引起了他们的兴趣的缘故。如果有孩子能对枯燥的学习和考试产生兴趣，那才是异数。

现在的教育充满了功利心理，无数人对孩子灌输，学习是为了考个好点的学校，上个好点的学校是为了毕业能够找个好工作。总之，就是为了金钱和权利而读书。对于天性善良和求知欲旺盛的孩子来说，这对他们的求学之路是毁灭性的打击。老子说“为学日益”，学习是为了获得内心的满足，只有内心满足才能进一步探究大道的本性。

孩子们并不笨，反而比大人更接近大道，这是他们还没有被外界影响心智的缘故。有个孩子说：“我爸爸一直告诉我，学习不重要，只要快乐成长就好，但是我知道他们不是这么想的。分数低的时候，他们就不高兴，分数高的时候他们就高兴。每当听说谁谁考上好的大学的时候，他们就眼里放光，显得很兴奋。”这个孩子的感觉非常敏锐，他知道父母的目的是名利，但是他不想迷失在名利里，所以就感觉到痛苦了。或许这个孩子的家长觉得，我们没有给他施加压力呀。实际上他们的表现已经影响到孩子了。只有真正将决定权交到孩子手上，孩子才有希望。

没有孩子不喜欢学习，但是给孩子施加压力后，他反而学不下去了。人人都知道司马光小时候砸缸的故事，还有人知道他写了著名的《资治通鉴》，但是他学习的态度就少有人知道了。司马光小时候和哥哥、弟弟们一起在司马家族学习，他在读书上并不特别聪明，甚至记忆力相比兄弟们还比较差。

为了克服这个弱点，司马光决定要比兄弟们多付出才行。当老师讲完书后，哥哥、弟弟们读上一会儿，就能够勉强背得出来了，下课之后就放下书本，跑出去玩了。司马光却总觉得自己对书本理解得不透彻，下课之后，仍旧集中注意力高声朗读，将书读了一遍又一遍，直到对书本彻底理解明白，这才合上书。如果在兄弟们都能背出书，他背不出来的时候，家长或者老师对其斥责一番，可能也就不会有后世著名文学家司马光了。

司马光体会到了学习的乐趣，这才是他一直被称为鸿儒的根本原因。司马光一生坚持不懈地学习，做官之后仍旧非常刻苦。他的屋子里，除了书、床和被子，再没有其他摆设。他的床很简单：一条粗布被子加上一根圆木做枕头。之所以用圆木做枕头，也是有原因的。当读书太累的时候，很容易打瞌睡。圆木放到光秃秃的木板床上，很容易滚动。睡着了，只要稍有异动，圆木就滚跑了，司马光被惊醒后，就继续读书。这根圆木，司马光将之称为“警枕”。

每个家长都希望自己的孩子像司马光那样学习，因为他们希望自己的孩子向司马光一样取得举世瞩目的成就，而没有人希望自己孩子达到司马光的精神境界。司马光将认识大道作为毕生的心愿，洋洋洒洒写就了《资治通鉴》，这本书包含了宋朝之前中国历史上所有著名的事件，成为后人研究历史的重要素材。

第四十九章　圣人无心

原典

圣人无常心[①]，以百姓心为心。善者吾善之，不善者吾亦善之，德善。信者[②]吾信之，不信者，吾亦信之，德信。圣人在天下，歙歙焉为天下浑其心，百姓皆注其耳目，圣人皆孩之[③]。

注释

①无常心：没有私心。

②信者：守信用的人。

③皆孩之：回复到婴儿般的原始状态。

译文

圣人可以保持没有私心，百姓的心就是他们的心。善良的人，我便善待他，不善良的人，我也善待他，这样众人也会善待于我。信守承诺的人，我信任他，不信守承诺的人，我也信任他，这样众人也会信任我。治理国家的圣人，会摒弃自己的私欲，与民众同心协力，如此，民众便会只关注于他们，圣人使民众都回归到婴儿般的原始状态。

解析

俗话说“人一过百，形形色色；人一过万，无边无沿。”说的就是人人都有自己的思想，每个人都不相同。有的人是善的，有的人是不善的；有的人拥有仁义，有的人没有仁义；有的人聪明，有的人糊涂；有的人智慧，有的人愚昧。虽然这令人沮丧，但却是事实。对于统治者来说，由于人人都有自己的欲望，似乎满足所有人是不可能的。所以有的统治者便采取高压政策来对付人民，好让人民听他的指挥，这是统治者智慧不足的缘故。老子认为，统治者的内心，应该是和百姓的心相同的，想百姓之所想，急百姓之所急。

孟子说：“忧以天下，乐以天下。”意思就是天下忧，那么统治者也该忧愁，如果天下人都快乐了，统治者才可以快乐。只有拥有这样心境的人，才能切实从百姓的角度出发去考虑问题。因为天下并不是某个人的天下，国家更不是少数人的国家，国家是属于每个人的。有民心的支持，其统治才具有合法性；失去民心的支持，其统治就没有合法性。只有尊重民心，用百姓的心当作自己的心，才能不会失去支持者。

圣人都是无私的，处处先为他人着想，即便是对那些欺善行恶的人，也该用一颗公正的心去对待。对待妄言、轻诺的人，也不应该失去中正平和的态度。圣人虽然身在尘世，却没有受到尘世聪明才智的蒙蔽，仍然保持着一颗赤子之心。拥有赤子之心才能抵御名利的欲望，成为一个大写的人。

有些人不但将百姓的心作为自己的心，还用自己的生命，去践行无数百姓想做而不敢做或者没有能力做的事。这样的人，或许会被一时蒙垢，但终究将受到英雄般的待遇。

清朝末年，国门被打开，受到西方的冲击，越来越多的有志之士，认为必须变法才能图强。此时的中国，在外受到列强的欺凌，在内却对穷苦的百姓横征暴敛，很多人都不满清政府这样统治下去。以康有为、谭嗣同为首的士子们联名上书皇帝，史称公车上书，要求变法图存。谭嗣同是号召变法的干将，他认为再不变法，中国不但会被外国全面超越，百姓也将继续生活在痛苦之中。

后来，光绪皇帝也认为不变法不足以自强，依照谭嗣同等人的主张颁布了《定国是诏》，宣布戊戌变法开始。但是光绪皇帝的变法被慈禧太后为首的旧势力阻止了，维新党人受到了全面打击。谭嗣同把自己的书信、文稿交给了好友兼同志梁启超，要他东渡日本避难，并说："不有行者，无以图将来，不有死者，无以召后起。"日本使馆曾派人与谭嗣同联系，要为他提供保护，他回绝道："各国变法，无不从流血而成，今日中国未闻有因变法而流血者，此国之所以不昌也。有之，请自嗣同始。"谭嗣同在浏阳会馆被捕，遂被朝廷斩首。

谭嗣同用自己的性命，实践了"以百姓心为心"的真理，他的死激励了无数想要追求民主自由的国人。虽然每个人都是不同的，想法也都不同，但是追求自由的决心是相同的。谭嗣同就是走在了所有人的前面，他死后没有多长时间，清政府就被推翻了。

第五十章　不入死地

原典

出生入死，生之徒[1]，十有三；死之徒[2]，十有三；人之生，动之于死地，亦十有三。夫何故？以其生生之厚。盖闻善摄生[3]者，陆行不遇兕[4]虎，入军不被甲兵[5]。兕无所投[6]其角，虎无所措其爪，兵无所容其刃。夫何故？以其无死地。

注释

①生之徒：长寿的人。

②死之徒：短命的人。

③摄生：善于养生。

④兕：犀牛一类的动物。

⑤甲兵：盔甲和兵器。

⑥投：插入。

译文

人出世便是生，入地便是死。正常生老病死的人有十分之三；短命的人有十分之三；原本可以长寿却自取灭亡命的人，也有十分之三。这是为什么呢？原因是他们太过分注重养生了。据说，善于养生的人，走在大陆上不会遇见犀牛和猛虎，遇到战事也不会被兵器所伤。犀牛的角无法顶伤他，猛虎的利爪无法抓伤他，尖利的兵器也无法刺伤他。这是为什么呢？因为他身上根本就没有可以致他于死地的要害。

解析

有人从孟子的话中总结出一个道理："君子不立于危墙之下。"意思是说一面墙眼看就要倒了，就不要站立在墙旁边了，如果墙倒的话就有可能将人砸到，所以聪明的人不会站在危险的墙角下。明智的人不会让自己陷入危险的境地，会预先判断危险的到来，从而躲避危险。这个世界是统一的整体，任何事情的发生都不是偶然的。不去水边，就不容易掉到水里；不吃坚硬的食物，就不容易消化不良；不接触无道德的人，就不容易堕落。很多灾祸在发生之前就有预兆，只是我们的心灵被欲望和大意蒙蔽住了。

科学家们推测宇宙从诞生到现在将近一百五十亿年的历史，人类的历史也有 300 万年了，一个人的寿命却不到百年。300 万年在宇宙的亿万年岁月里微不足道，而一个人的生命在整个人类长河中也显得微不足道，甚至可以说我们人的生命是非常短暂的，就像流星一样，在眨眼的时间里就已经远去了。我们只拥有这么短暂的生命，很少有人不珍惜。但是寿终正寝的人却并不是全部，有太多的人不明不白地失去了自己的生命。虽然死亡无法避免，甚至活过百岁都是一种奢望，但是却可以借助道的力量躲避可能出现的危险。

在战争中伤亡不可避免，但是怎样避免伤亡，成为每个将领都需要考虑的问题。这个问题明朝抗倭的民族英雄戚继光也想过，并给出了自己的解决方法，虽然伤亡仍旧不可避免，但是可以使士兵的伤亡率大大降低，并取得不俗的战斗效果。

戚继光使用了一种新的阵形——鸳鸯阵，这套阵形是专门用来对付倭寇的。鸳鸯阵形以 11 人为一队，最前二人一人执长牌、一人执藤牌。长牌手执长盾牌阻挡倭寇射来的箭矢、长枪，藤牌手执轻便的藤盾用来阻挡近战的敌人，并且还佩戴着标枪和腰刀。长牌手和藤牌手主要任务是掩护后队前进，藤牌手除了掩护还能和敌人近战。

再后面二人为狼筅兵，手执狼筅。狼筅是一种新型远战兵器，利用南方生长的毛竹，将竹子的一头削成尖状，还保留一部分四周尖锐的竹枝，甚至可以装上铁片铁钩，每支狼筅有 3 米长。狼筅兵利用狼筅前端的尖锐部分扰乱敌人，以掩护盾牌手和后面长枪兵。再后面是四名手执长枪的长枪兵，左右各二人，分别照应前面左右两边的盾牌兵和狼筅兵。再跟进的是两个手持“镗钯”的士兵，这两人负责警戒、支援等任务。队长居于阵势中间，负责指挥。

如果正面交锋，狼筅兵就会用 3 米长的狼筅攻击敌人，往往钩住敌人的肉皮就能勾下一块肉，最不济也能阻挡敌人前进。当敌人突破了狼筅兵，等待他的就是长矛兵的长矛。敌人与长矛兵交战的时候，刀手和镗钯兵的攻击又迎上去了。鸳鸯阵中 11 名士兵分工明确，每人只要熟练运用掌握的招式，就能有效杀敌。

但是鸳鸯阵在刚创造出来的时候，却不够理想，11 名士兵往往被敌人一冲就散，这时候居中的队长失去保护，很容易被敌人杀掉。队长被杀，鸳鸯阵的阵形也就不可能维持了。戚继光想到了一个方法，如果小队长被杀，那么全队人受株连，都要被处以死刑。这样一来，士兵们为了保护队长，只有紧紧地围绕在队长周围，只要敌人突破不了防御圈，就不会有问题。

戚继光貌似是滥杀无辜，但是只有用这种方法才能保证士兵们用自己的性命去保护队长的性命。生命是宝贵的，最懂得这个道理的恰恰是制定严刑峻法的戚继光。凭借鸳鸯阵，戚继光在抗倭战争中甚至创造了杀敌无数，自己没有损伤一人的记录。被称为绞肉机的战场，在有道的人手里都变得没那么危险了。在战场上都能躲避危险，何况是生活中的危险呢？只要开动脑筋，细心思考，就能让危险永远躲着你。

第五十一章　尊道贵德

原典

道生之，德畜之①，物形②之，势③成之。是以万物莫不尊道而贵德。道之尊，德之贵，夫莫之命而常自然。故道生之，德畜之。长之育之，亭之毒之，养④之覆之。生而不有，为而不恃，长而不宰⑤。是谓玄德。

注释

①德畜之：德养育万物。

②形：形态。

③势：万物生长的环境。

④养：爱护、保护。

⑤宰：主宰。

译文

道衍生世间万物，德养育世间万物。万物各有各的形态，它们生长在不同的环境之中。因此，万物尊道而重德。道和德之所以被尊崇和看重，是因为道虽然衍生万物，却不对它们横加干涉，德虽然养育万物，但不妄图主宰它们，而是让它们自然生长和发展。所以，道衍生万物，德养育万物，使万物自然生长，并对万物加以保护。虽然使万物生长，却不将其占为己有，虽然抚育着万物，却不居功自傲，引导它们成长却不主宰它们，这便是玄妙的德。

解析

将一块石头用力向上抛，这块石头总会落下来。然而一个氢气球，只有用手牵着才不会飞走。石头之所降落，氢气球之所以飞走，都是道德显现。虽然万事万物同出于道，但它们并不相同，各自遵守的规则也有差异。他们无论如何不同，都不会偏离自己的道，石头不会自己向上飞，氢气球也不会自己向下降落。事物的运动规律，在其出生以前就已经蕴藏在其中了。道的可贵之处在于，只生产万物和促使万物运动，但从来不干涉万物。人类的行为也有既定的规范，每个人都应遵守道德的规范。道不会干涉人类的行为，但是道无好坏之别，人却有善恶的念头。

我国历史上有很多人为了人民的幸福，奉献了自己的一生，甚至英勇地献出了自己生命，却没有想到要人民对他感恩戴德。他们不为一己之利为利，不以一己得失为得失，而是想让天下人都受其利。鲁迅说："俯首甘为孺子牛"，说的就是这种人的思想境界。得道之士不在乎流芳百世，更不在乎生前的利益，但是受到恩惠的人将永远怀念他们。如果心中显现出一己之私，那么无论当初设定的目标多么宏大、多么值得肯定，他距离陷入自我布置的泥潭都将不远。王安石当年变法失败，被人斥为祸国殃民，但是没人对他的私德有一点斥责，因为人们都知道他是为了整个民族而努力的。有些人，当初的目标非常高尚，但是慢慢却忘记了自己的誓言。

洪秀全是清朝末年太平天国运动的领袖，但是这个人除了给民众带来灾难外，没有带来一点好的影响。在起义初期，洪秀全通过拜上帝教，装神弄鬼，聚集了一大批信徒，还算保持了一个良好形象。但是在定都天京后，洪秀全封建意识与日俱增，为政权设立了严格的等级制度，实行严刑酷法，倒行逆施。他自己，任人唯亲，只知享乐，甚至 11 年只出过一次他的“皇宫”。

他任人唯亲，分别封他哥哥洪仁发、洪仁达为安王、福王，让其掌握大权，只要和他沾边的基本上都被封王了。太平天国一共分封了大小三千七百多个诸侯王，其荒唐可见一斑。在个人生活上，他更是奢侈淫乱到了极点。

他有一顶王冠，用纯金做成，重达八斤。还有金制项链一串，也重八斤。他的绣金龙袍上也装饰着金钮。从内宫到大殿时，乘坐的是一辆金车，名为圣龙车，由数十名美女手牵而走。

洪秀全在当权后，彻底释放了自己邪恶的欲望，最终没有得到好报，被饿死在自己的皇宫里，他的美女和财富也全都没有了。这样的人当政，对人民来说就是一场灾难。有道德的人会受到尊敬，这种没有道德，甚至没有基本伦理观念的人，早晚会被挂在历史的耻辱柱上。

第五十二章　见小曰明

原典

天下有始[①]，以为天下母[②]。既得其母，以知其子；既知其子，复守其母，没身不殆[③]。塞其兑，闭其门，终身不勤[④]。开其兑，济其事，终身不救。见小[⑤]曰明，守柔曰强。用其光，复归其明，无遗身殃[⑥]，是为袭常。

注释

①始：开始、开端。

②母：指根源。

③殆：危险。

④勤：勤劳，这里有劳扰的意思。

⑤小：微小、细小。

⑥殃：祸患、灾祸。

译文

世间万物都有一个开始，我们可以把这个开始叫作根源。既然知道根源，就能正确地认识万物；既然能正确地认识万物，那么反过来也能把握万物的根源，这样，一生就不会遇到危险了。堵住欲望的感官，关上欲望之门，那么一生都不会有烦扰你的事。若打开欲望之门，就会平添许多烦恼，那就无药可救了。能察觉微小的事物叫作“明”；能保持柔弱叫作“强”。若能用其智慧之光反照“明”，就不会给自己埋下祸端，这就是传承下来的悟“道”之法。

解析

这个世界遵守能量守恒的原则，没有什么是凭空产生的，也没有什么会无端消失。科学家提出了反物质的概念，并通过实验制造出了微量的反物质。反物质和我们能够认知的物质遇到一起就会湮灭，但这并不是说反物质就消失了，而是和物质一起湮灭成能量了。反物质的消失只是转换存在的状态而已。这说明道不是凭空产生万事万物的，事物的存在都有其根源。这个世界上没有无缘无故的爱，也没有无缘无故的恨，无论任何事情都有其发生的原因。利用事物发生发展的规律，能让我们的工作和学习节省大量的力气。

我们生活中实际上每时每刻无不应用着道德规律，例如经典的二八定律，这个世界上 20%的人掌握着 80%的财富，而另外 80%的人却只掌握着 20%的财富。在一个公司里也是这样，20%的人创造了 80%的利润，而 80%的人贡献率则是 20%。这些定律无章可循，甚至找不出之所以如此的原因，但是却实实在在地影响着我们的工作、生活。正因有这些规律的存在，我们的生活才更加安定有序。如果道是杂乱无章的，那么我们的生活也将变得一团糟。

人类特别善于运用自然界的规律，有时候用一些简单的工具就能完成非常困难的事情。比如，以现在的机械水平来说，运送很多 100 吨重的巨石都不是件很轻松的事，如果将这个任务放到 600 年前当然就更难了，不过古人还是做到了。

600 年前，明朝皇帝朱棣，决心迁都北京，需要在北京建造一座宏伟壮丽的皇宫。建造皇宫需要大量的石材，石材中最大的一种长达 9.4 米、重达 123 吨，从石料厂到工地的距离是 70 公里，想把这样的石材运到工地几乎是不可能完成的任务。通常使用的方法是在石头下放滚木，然后靠人力和畜力拉过来，但是这样的话，运送一块石头需要 338 名工匠，单单是运送石头的花费就是一个天文数字。

聪明的古人，并没有被困难吓倒，这任务虽然困难但并非不能完成。工匠们认为应该在冬季进行石料的运输，利用冰的润滑作用运送，可以节省大量人力物力。在确定的运输路线上，每 500 米挖一口水井，用于取水浇筑冰面。单单浇筑冰面不需要挖这么多水井，还需要从井里提上来的水润滑冰面。此外，传统的利用圆木充当滚轮的技术也被使用上了。

当时北京冬季温度足以让路面结冰，同时又不极度寒冷，将井里的温水撒到冰面上，就能够形成一个起到润滑作用的水层。在运输过程中，工匠们会一直往冰面上浇热水，以保持润滑。这样只需要 46 名工匠就能运送一块石头。

用冰的润滑作用运送石头，就是对道的应用。现在的科技发展，让我们认识到了大自然更多的规律，运用这些规律切实提高了人们的生活品质。大道给提供了无限的可能，没有人知道大道的极限是什么。每当我们以为将要掌握了全部的时候，忽然间一扇大门打开，里面又是一个新的世界。

第五十三章　大道甚夷

原典

使我介[①]然有知，行于大道，唯施是畏。大道甚夷，而人好径[②]。朝[③]甚除，田甚芜，仓甚虚；服文采[④]，带利剑，厌饮食，财货有余。是谓盗夸[⑤]。非道也哉！

注释

①介：微小。

②径：斜路。

③朝：指政事。

④文采：刺绣的衣服。

⑤盗夸：大盗。

译文

稍有智慧者都知道，走在大道上的人，最害怕的就是走上邪道。虽然大道是那么的平坦，但还是有许多人走上了邪道。朝政腐败已深，农田荒废已久，国库空无一物，而人君却还身着华服，腰佩利剑，享受美食，搜刮民脂占为己有，简直就是强盗。这是多么无道啊！

解析

上山的路大多是蜿蜒而上的，虽然不可能平坦，但是绝对安全。本来很陡的山坡，修建蜿蜒的山路就能让山路稍微平缓一点。

有一个人和朋友去爬山，本来在山路上走得好好的，朋友却嫌这样走太慢，非要走人们踩出来的小路。那些小路几乎是沿着山坡直上直下的，虽然快捷，但是安全根本没有保障。果不其然，在小路上走的时候，朋友的脚崴了。本来有宽敞的山路不走，非要走这种不安全的小路，看似是速度快了，却更容易遭受危险。人生的道路也是这样的，人生这条路本来非常平坦、宽广，但是有些人觉得这样走太慢了，非要去抄小路。被权力和金钱蒙蔽的双眼，根本看不到所谓的捷径上布满的陷阱，吃亏也就是必然的了。

得道之人并不是那些聪明伶俐、追名逐利之辈，而都是谨小慎微、浑噩迟钝的。他们都像婴儿一般纯真，没有被世俗的观念所污染。现在对孩子们的教育却不是这样的，保存纯真本性的人反倒被称为傻子。家长们对子女的教导，则是在建功立业上。人们大都闭口不提道德，不提诚意与善念，只要能获得所谓的成功，即便是欺诈，甚至犯罪也在所不惜。大道不是神，不会保佑你获得利益，德行也不会促使你得到权力，大道和德行只是客观的存在。能够抛却眼前利益，保留这份客观都是很难得了。

孟尝君要求门客帮忙去薛邑收债，冯谖到孟尝君府上还没办过事，所以要求得到这个任务。冯谖向孟尝君辞行的时候说："收完债，您要买点什么回来吗?"孟尝君说："看我家缺少什么就买什么。"冯谖于是驾着车到了薛邑，让管事的人召集那些欠债的人，前来核对债券。当债券核对完毕后，冯谖没有要求收债，反而假传孟尝君的命令，把所有的债款全部免除，并且把债券统统烧掉了，百姓们非常感激孟尝君，高兴得直呼“万岁”。

冯谖去收债时带着一大本账本，回来时却什么都没有了。回到齐都，就去求见孟尝君了。孟尝君见他办事这么快，觉得很奇怪，对他说：“债都收完了吗？你办事真快呀！”冯谖说：“债都收完了，东西也买回来了。”孟尝君问道：“买回来什么东西呢？”冯谖说：“您说‘看我家缺少什么就买什么。’我考虑，您宫中珍宝无数，犬马满厩，美女成行。您家缺少的唯独是‘义’，我为您买回来‘义’了。”

孟尝君说：“你买的‘义’在哪里？”冯谖说：“您不好好体恤您的封地薛邑的子民，反而像商人一样从他们身上获得金钱。我便私自假托您的命令，把所有的债款都赏赐给了百姓，把债券全都烧毁掉，百姓因而都高呼‘万岁’。这就是我所说的为您买回的‘义’。”孟尝君听了虽然不太高兴，但也只是说：“知道了，你去休息吧！”

后来孟尝君得罪了齐王，回到薛邑居住的时候，当地的人们都非常高兴他的到来。孟尝君叹口气说：“多亏冯谖帮我买回来的‘义’呀。”

孟尝君势力庞大，功高盖主，早晚会和齐王不和，冯谖正是看透了这点，才会为孟尝君安排后路。俗话说“人无远虑，必有近忧”。熟悉道德的人，不去寻找所谓的捷径，而是已经知道了将来要发生的事，从而提前做好准备，这样一来，人生就是平坦的大道了。

第五十四章　善抱者不脱

原典

善剑者不拔，善抱[①]者不脱，子孙以祭祀不辍[②]。修之于身，其德乃真；修之于家，其德乃余；修之于乡，其德乃长；修之于邦，其德乃丰[③]；修之于天下，其德乃普。故以身观身，以家观家，以乡观乡，以邦观邦，以天下观天下。吾何以知天下然哉？以此[④]。

注释

①抱：拉拢、抱住。

②辍：断绝、停止。

③丰：富饶、丰盈。

④此：指这些道理。

译文

善于立法的人本身就被困在法律中不能自拔，善于拉拢众人的人自己也被困在其中不得脱身，若子孙懂得这个道理，那么香火便永远不会中断。一个人若秉持这个道理，那么他就会变得纯真；一个家族若秉持这个道理，那么整个家族就会富足；若以这个道理治乡，那么乡间邻里就会和睦相处；若以这个道理治理国家，那么整个国家就会富饶强大；若以这个道理治理天下，那么天下之人便会平等自由。所以，以纯真为标准判断一人是否有德，以富足为标准判断一个家族是否有德，以和睦为标准判断一个乡是否有德，以富饶强大为标准判断一个国家是否有德，以平等自由为标准判断天下是否有德。我用什么来判断天下处于何种状态呢？就是用这些。

解析

君子都将稳重作为自己的根本，不能妄作妄为。老子认为，用自然无为要求自己，就能够让自己变得纯真，从而消除奸诈的思绪；用自然无为去治理家庭，就能使家庭和睦；用自然无为来治理国家，国家就能永远昌盛。如果人人都能拥有自然无为的大道，那么就能获得自由和平等。

如果囿于不妄为就什么都不做，那便是尸位素餐。我们常说，贪官可恶，但不作为的清官同样可恶。所以一个人既要有一颗平静的心，又要勇于任事。

如果盲目去做的话，无论怎样都不会得到理想的结果，所以有一个明确的目标，对人们来说非常重要。对于一个有目标的人来讲，遇到一些挫折不是一件坏事。这只是生活对我们的考验，用平静的心去对待就行了，困难不会永远存在，总会过去。俗话说："吃得苦中苦，方为人上人。"一个体会到大道的人，就要不在乎是否吃苦。莲藕的经历算是坎坷的，生长在烂泥当中，但是由于保持自身的清白，就能摆脱环境的束缚，孕育成出淤泥而不染的荷花。

战国时期赵烈侯喜欢音乐，对相国公仲连说："我所喜爱的人，可以让他富贵吗？"公仲连说："使他富可以，使他贵则不行。"赵烈侯说："也好，我很喜欢从郑国来的两位歌唱家，我要赐给他们一些田地，每人一万亩。"公仲连说："好。"虽然公仲连没有反驳赵烈侯的话，但是他并不赞同赏赐无功之人，况且还只是两个供娱乐的唱歌的人。公仲连实际上没有给他们寻找土地。一个月后，赵烈侯从代地回来，询问赐给歌唱家田地的事。公仲连说："正在寻找，还没有找到合适的田地。"过了不久，赵烈侯又追问，公仲连干脆就推说有病不去见赵烈侯了。

公仲连的朋友番吾君从代地来，对公仲连说："您确实有善德，但却不知用什么方法。您做赵国国相已经四年了，引荐过贤士吗？"公仲连说："没有。"番吾君说："牛畜、荀欣、徐越都是贤士，可以将他们引荐给赵烈侯。"公仲连听从番吾君的意见将三人引荐给了赵烈侯。

赵烈侯见到公仲连又问："赐给歌唱家的土地安排了吗？"公仲连说："正在派人选择嘴啊的田地。"当时牛畜也在赵烈侯身边，用仁义的理念劝导赵烈侯，并鼓励他施行王道，赵烈侯很同意牛畜的意见。第二天，荀欣进谏赵烈侯，又向赵烈侯说举荐贤良、任命官吏、使用能人的道理。又过了两天，徐越进谏时，又向其诉说节财省用、考察臣下的品德功绩的话。他们三人的劝导起到了作用，当公仲连再见到赵烈侯时，赵烈侯说："歌唱家的土地就先不要赏赐给他们了。"而是封牛畜为师、荀欣为中尉、徐越为内史，还赐给了公仲连两套衣服。

当面拒绝赵烈侯赐给歌唱家土地，肯定会引起赵烈侯的不快，如果赵烈侯执意要赏赐的话，公仲连也没有办法，还会让两人之间的关系出现裂痕。通过向赵烈侯举荐贤士的方式，不但解决了问题，还让贤士得以施展才能。有时候直接去做某些事，并不一定能取得好的结果，找到关键，问题就可以轻松解决了。

第五十五章　赤子德厚

原典

含德之厚，比于赤子。毒虫[①]不螫，猛兽不据，攫鸟[②]不搏。骨弱筋柔而握固。未知牝牡之合[③]而朘作，精之至也。终日号而不嗄，和之至也。知和曰“常”，知常曰“明”，益生曰祥[④]，心使气曰强。物壮[⑤]则老，谓之不道，不道早已[⑥]。

注释

①毒虫：指蛇、蝎子一类的毒物。

②攫鸟：用脚爪猎食的鸟。

③牝牡之合：指男女交合之事。

④祥：这里指凶兆。

⑤壮：强壮、强盛。

⑥已：死亡。

译文

德行高的人，就像刚出生的婴儿。毒虫不会去咬他，野兽不会去伤他，猛禽不会用爪去抓他。虽然他骨软筋柔，但手却紧紧地握成拳。虽然他不懂男女交合之事，但能自然勃起，这是因为他精气充足。他整天号啕大哭，但嗓音依旧洪亮不沙哑，这是因为他和气旺盛。阴阳二气结合叫作常，了解常叫作明。对生命有益处的叫作祥，欲望支配思想强行而为的叫作强。事物过于强盛反而会加速其衰败，这就不是道了，不遵守道的事物不会长久。

解析

老子常常用婴儿比喻得道的状态，婴儿是柔弱的，但是这个柔弱的身躯下潜伏着成长为一个巨人的基因。每个婴儿都是相同的，他们对这个世界没有任何概念，大人们对其灌输什么，他们就学习什么。他们的潜力是无限的，在婴儿的休内，蕴含着坚强、进取的精神，同时他们精力充沛，时刻在准备着迎接这个世界的一切。有的人在成长中将本身蕴含的优点发挥了出来，成了一个道德高尚的人。有的婴儿却将自身的优点隐藏了起来，非但没有更好地体悟道，欲望的产生却将自身的优良品质消磨掉了。

历代先贤都特别推崇老子用婴儿来表示人获得大道的状态。孟子说："大人者，不失其赤子之心者也。"这里"大人"的意思和后世不同，不是当官的人，而是拥有高尚品德的人。赤子之心，就是像孩子一样带着天真、毫无挑剔地看待这个世界。心学创始人王阳明说："无善无恶心之体。"人初生是没有善恶之分的，只是后来在成长过程中，无数人给我们灌输了善和恶的理论，于是就失掉了本心。心学传人、著名心学大师李贽在王阳明的思想基础上，发展出了"童心论"，他说："夫童心者，绝假纯真，最初一念之本心也。若失却童心，便失却真心。"即便是长大成人，也应该保持一颗纯真的内心。

动漫的观众不但有孩子，还有相当一部分人是成年人，因为他们不愿失去自己的童真。随着年纪的增长，就越发知道童心的作用。尤其是看透世事纷扰不再追名逐利，童真的心也就回来了。有些人被称为“老顽童”，就是因为他们找到了失去的本心。保持纯真的心，成为古代先贤的精神追求。即便是自己还没达到，也在幻想着成为拥有赤子之心的人。

魏晋名士阮籍曾经写过一篇《大人先生传》，来表达他对现实社会沉迷于功利的不满，以及对纯真自由的追求。

阮籍将沉迷于功利的人比喻成裤裆里的虱子，他说虱子住在裤裆破败的棉絮和衣服的缝隙里，以为自己是永远安全的；饿了就吸人的血，以为自己永远不会挨饿。然而他们的行动只限于裤裆之中，想逃走都是不可能的。一旦春天到来，人们换上单薄的衣服，虱子甚至不知道自己是怎么死的。这些虱子就是失去童真心之人的真实写照，只有在裤裆的夹缝中才能生存，一旦没有了生存的环境，就只能灭亡了。

而“大人”则没有任何桎梏，他们想来则来，想去则去，去留无意就像天上云卷云舒。“大人”的心思已经不在世俗的蝇营狗苟之中了，而是从一个全新的高度去看待人类社会和大自然的关系。

第五十六章　知者不言

原典

知者不言，言者不知。塞其兑，闭其门[①]，挫其锐[②]，解其纷，和其光，同其尘，是谓玄同[③]。故不可得而亲，不可得而疏；不可得而利，不可得而害；不可得而贵[④]，不可得而贱。故为天下贵。

注释

①塞其兑，闭其门：堵上欲望的感官，关上欲望之门。

②锐：锐气。

③玄同：玄妙齐同。

④贵：尊重、尊敬。

译文

有智慧的人不会经常侃侃而谈，经常侃侃而谈的人就不是智者。堵住欲望的感官，关闭欲望的大门，磨掉他的锐气，解除他的纷乱，调和他的光芒，让他融于尘世，这就叫作玄同。所以，达到“玄同”之境者，既不得与人过于亲近，也不得与人过于疏远；既不能得到特别的好处，也不会受到别人的威胁；既不会受特别的尊敬，也不会受排斥。因此，这样的人才能受世人爱戴。

解析

在课堂上应该踊跃发言，不但可以锻炼语言表达能力，还能让老师知道你的水平，从而制定相应的教育计划。这时候的对错是不重要的，重要的是学习的态度，拥有一个良好的学习态度比做对几道题要更有意义。但是当你独当一面的时候，就不能乱说话了，这时候你的每一句话都会当成政令的方向来解读，说的话必须是经过深思熟虑的，不然和将来的政令相抵触，或者给下属以错误暗示的话，就会造成非常大的不良后果。谨言慎行是一个人成熟的标志，明确知道的，可以多说，不知道或模棱两可的就少说甚至不要说。

无论是治理一个国家还是管理一个企业，都应该稳字当先。无功不可怕，可怕的是犯错。没有功劳的，至少可以维持现状，即便是发展得慢一点，只要能够平稳，就能造就不错的结果。如果一旦出现失误，不仅仅是对个人的声誉有影响，更会影响到许多与之相关的人。尤其是一个国家的统治者，他们的一个微小错误就有可能让无数人民不聊生，所以一定要心智坚强，绝不能胡乱下达政令。

汉文帝刘恒登基，陈平和周勃担任左右丞相，汉文帝非常敬重这两位大臣，有什么事都要找他们商量。

有一次开会时，汉文帝问：“周先生，你知道我们大汉一年有多少案件吗？”

这一问题却将周勃难住了，只能低头小声道：“臣不知道。”

汉文帝又问：“天下一年要进出多少粮食和钱币呢？”

周勃还是答不上来，只能摇头。

文帝有点不高兴了，问陈平：“陈先生，刚刚那两件事你知道吗？”

陈平不以为意道：“陛下，想要知道刑事，要问廷尉，想要知道钱币粮食，要问内吏。”

文帝脸色不好看说："既然什么事都有各自主管的官员，那要你们丞相做什么?”

陈平道："宰相的职责是处理国家大事，顺应天地的变化和四时的更迭制定合适的措施；统领百官为天下服务，同时调和皇帝和百官的关系；还要应对外邦和军事情况。至于具体政务，不归我们管，所以不需要知道。”

文帝叹服道："陈先生，真是谋国之言呀！”

皇帝有皇帝的职责，宰相有宰相的职责，六部九卿各有所属，相互协作，互不干扰，才能天下大治。汉文帝和汉景帝之所以成就历史上有名的文景之治，和一群优秀而不妄言、不妄为的官员是分不开的。

几乎没有人能够永远不犯错误，但是可以尽量避免错误。避免错误的方法就是将要说出的话，再想一想，将要做的事，再思考一下。古人特别珍惜自己说的话，所以才不会妄言妄语，试看中国传统经典，无论是《道德经》还是《易经》、《论语》，文字都非常稀少，每一句话里都蕴含着丰富的哲理。不是他们不能写更多，而是不求多罢了。

第五十七章　以奇用兵

原典

以正治国，以奇[①]用兵，以无事取天下[②]。吾何以知其然哉？以此[③]：天下多忌讳，而民弥贫；人多利器，国家滋昏；人多伎巧，奇物滋起；法令滋彰，盗贼多有。故圣人云："我无为，而民自化[④]；我好静，而民自正；我无事，而民自富；我无欲[⑤]，而民自朴。"

注释

①奇：出其不意。

②取天下：治理天下。

③此：指以下文字。

④自化：自我成长、自然顺化。

⑤无欲：没有欲望。

译文

以无为、清静之道治国，以出其不意之策用兵，以不扰民的政策治理天下。我是怎么知道这些道理的呢？是根据这些：一个国家的禁忌越多，人民就会越穷苦；人民持有的兵器越多，国家就会越混乱；人民用心机取巧的想法越多，不正之风就会越来越昌盛；法律越严，盗贼就越多。所以，圣人常说：“我无为，人民就会自然顺化；我好清静，人民自然会遵守法律；我不扰民，人民自然就会富足；我若没有欲望，人民自然也就淳朴敦厚。

解析

老子说“以奇用兵”，想要达到这样的效果，首先要做到算无遗策，只有这样才能将所有的情况都列到计划里，在出现特殊情况的时候有所反应，不会出现纰漏。《孙子兵法》里面说过，想要取得胜利，只有两种方法，第一出其不意，第二攻其不备。想要达到这两点，精密的谋划和对计划的保密都不能少。只要提及打仗，都会讲到两条原则，不打无准备之战，不打无把握之战。

中国所有老板，都有两本账，一本是老板心里的账本，里面是对未来的谋划，一本是人人都知道的记载钱款的账本。第二本账是可以让人看的，第一本账是老板的计划，必须保密，是不能让任何人知道的。从明账里只能看到现在的经营状况，在心里的账却是长远发展的保障，如果让别人知道这本账，抢先一步实施，打击将是毁灭性的。《易经·系辞》说：“君不密则失臣，臣不密则失身，机事不密则害成。”这句话的意思是，君王如果不慎密，就会失去臣子的拥护；臣子如果不慎密，就会让自身有缺失；进行中的事情如果不保密就会办不成功。所以君子办事的时候必须谨慎小心，要在心中有完成的谋划，不能盲目去做。种子遇到水才能发芽，好的谋划就像遇到水的种子，自然能够生根发芽；差的谋划就像被煮熟的种子，它的内部已经死亡，不可能再生根了。

中国历史上“以奇用兵”的例子数不胜数，韩信作为汉朝的开国元勋，战功赫赫，拥有众多著名战例。

汉高帝三年十月，韩信奉命率兵攻赵，井陉口东有二十万赵军死守，如果与赵军在战场上硬拼，汉军根本没有办法取得胜利。率领赵军的陈余虽然是一名优秀的将领，但是能力和韩信比起来差距很大。韩信摸透了对方将军的愚蠢和古板，决定出奇兵打击敌人。他命令部队在井陉口西三十里扎营，当天夜里又派遣二千轻骑潜伏在赵军附近的山中，还派了一万人为前锋，越过井陉口在绵河岸边列阵。陈余见了背水列阵的汉军前锋不疑有他，反而暗暗发笑，觉得韩信也是徒有虚名而已，竟然不懂得兵家大忌，在水边列阵将自己的部队陷于死地。

天亮后，韩信命令全军主力冲过井陉口，赵军出来应战。韩信没有与之力战，反而假装溃败退入背水阵中。赵军认为这一场战斗就能全部消灭敌人，汉军只有拼死抵抗。正在双方力战的时候，埋伏在附近山中的两千骑兵突然冲了出来，在背后攻击空虚的赵营，赵军营地所剩的不过老弱病残，一会儿工夫赵旗就被换成了汉旗。眼看赵营失守，赵军就乱了阵脚。韩信乘胜反击，斩掉了陈余，生擒了赵王，赵国也就灭亡了。

赵军本来占尽了优势，只要谨小慎微就不可能给汉军钻空子。韩信用兵不遵成法，以出其不意的方式再度取得了成功。如果不是韩信在主力之外还留下了一支奇兵攻击赵军大营，这场交战必将不能轻易取胜，甚至有兵败被全歼的危险，因为他毕竟让自己的主力部队陷入了绝境。

战争中永远没有绝对的强弱之分，一个优秀的谋划就能增加相当于十万的兵力。人生中也没有绝对陷入困境这回事，有时候觉得自己陷入困境了只是没有找到合适的方法而已，找到属于自己的那支“奇兵”就能像韩信一样死地求生。

第五十八章　福祸无凭

原典

其政闷闷[①]，其民淳淳；其政察察[②]，其民缺缺[③]。祸兮，福之所倚；福兮，祸之所伏。孰知其极？其无正也。正复为奇，善复为妖。人之迷，其日固久。是以圣人方而不割，廉[④]而不刿，直而不肆，光而不耀。

注释

①闷闷：原意是昏昏昧昧的状态，这里指宽厚。

②察察：苛刻。

③缺缺：不满、抱怨的意思。

④廉：尖锐。

译文

国家的政策宽厚，人民就会敦厚淳朴；国家的政策苛刻，人民就会抱怨、不满。祸中有福，福中有祸。谁又能弄清楚到底是祸还是福呢？祸福是没有标准的。正有时变成邪，善有时变成恶，这些迷惑已经困扰人们很久了。所以，有道者为人方正却不生硬，有棱角却不损害别人，耿直却不放肆，光亮却不耀眼。

解析

“祸兮，福之所倚；福兮，祸之所伏。”这句话几乎无人不知、无人不晓。祸事和福事在适当时候会相互转化，祸中藏着福，福中藏着祸。如果由于摊上了祸事就自暴自弃，那么即便是福事来临，也难以把握。如果安享富贵，那么大难临头也就不远了。处在逆境中的人，看到别人有车有房，而心生嫉妒，甚至生出歹心做出犯罪的事，就要受到法律的惩罚了。

柔弱的水，可以变成坚硬的冰；娇嫩的种子，可以变成参天的大树；白昼会变成黑夜，美女也会变得苍老。所有事物都在变化之中，我们的生活也无时无刻不在变化中。俗话说：“富不过三代”，没有三代富贵的家族，因为这个世界在不断变化。

有些人得意时忘形大笑，就好像全世界都在自己的掌握之中，只要踏步走，好运就会一直出现。有些人失意时就顿足痛哭，好像全世界都都在和自己作对。只要耐心等待，痛苦总会过去，艰难中就蕴藏着希望。在平安时，如果安于享乐、忘掉危险，危险也就真的不远了。要学会退一步，就是海阔天空。在明朝的官场中，流传着为官要三思，即“思危、思退、思变”。要把每件事情最坏的可能性计算进去，反复论证最坏结果造成的后果，就能提前放弃，从而躲避灾祸。

春秋时期的孙叔敖就是居安思危的典型，他虽然贵为宰相级别的高官，帮助楚庄王称霸天下，但是轻车简从、吃穿简朴，自己和妻儿更是从不穿帛制的衣服。在临死前，他将儿子叫到床前，说：“庄王很多次说要赏赐给我一块封地，我都拒绝了。我死后，他一定会封赏你的，你要记住，好的地方一定不要接受。如果他非给不可，你就请求要寝丘那个地方吧。”寝丘这个地方也算有名，不是有名的富饶而是有名的贫瘠，在楚国和越国的交界处，名字也很不吉利。所谓“寝丘”意思是埋葬用的山丘，根本没人愿意要这种地方。

孙叔敖死后，楚庄王感念他的功绩，非要把一块富饶的土地赏赐给孙叔敖的儿子，孙叔敖的儿子不肯接受。楚庄王又要把另一块更富饶的土地赏赐给他，孙叔敖的儿子再三拒绝。最后不得不对楚庄王说：“您要是感念我父亲的功绩，就把寝丘这个地方赏赐给我吧。”楚庄王说：“那块土地偏远贫瘠，名字也不吉利，怎么能用来赏赐呢?”孙叔敖的儿子执意请求道：“家父曾经说过，如果您要赏赐土地，只能要寝丘。”楚庄王无话可说，只好把寝丘赐给了他。

很多年后，那些接受富饶土地的人没有能保住自己封地，反而寝丘这个地方一直被孙叔敖的后代占据着。这个地方太贫瘠荒凉了，没有人愿意要，所以才能够长久保留。

孙叔敖富贵之极，但是他知道长久保有这种富贵是不可能的，只有将自己的姿态放低，才能获得长远的安宁。很多人都知道福中有祸、祸能生福的道理，但是常人的眼睛被欲望蒙蔽了，哪能看得长远?像孙叔敖这种在富贵时还能保持自我的人实在是难得啊!

第五十九章　根深固柢

原典

治人[1]事天，莫若啬。夫唯啬，是谓早服[2]；早服谓之重积德[3]；重积德则无不克，无不克则莫知其极；莫知其极，可以有国；有国之母，可以长久。是谓根深固柢，长生久视之道。

注释

①治人：治理百姓。

②早服：早做准备。

③重积德：不断地积德。

译文

治理百姓和养护自己的身心，没有什么比节俭更重要的。知道什么是节俭，你才能尽早服从于道；早服从于道，你才能不断地积累德，积德多者将战无不胜；战无不胜的人，没有人知道他的力量到底有多大，拥有这种力量的人可以扛下治理国家的重任。掌握了治国之道，国家才能长久不灭。这就是国家根深柢固、长治久安的大道。

解析

我们常说："墙头草，随风倒。"如果墙头上有一点点土，风刮过来了几粒种子，在雨水的滋润下就有可能长出一株小小的野草。墙头的草不会长大，如果长得太大的话就会被大风吹走。为了自保，东风来了它就向西，西风来了它就向东，任凭风的吹动。它的根基太浅了，如果不顺从风的话就会被吹断吹跑。墙头的野草，随风摇摆，也是一种自保之道，安心做一株野草也没什么不好。如果是一棵大树的种子，在墙头是绝对不可能长久生长的。

大树的幼苗或许跟一株野草没什么区别，但是随着大树的成长，它就会变得和野草完全不同。大树需要更多的阳光、雨水才能成长。墙头土太少，根扎得太浅，只有在大地上，大树才能将根扎到数十米深的地下，才能长出粗壮的树干，这样就能抵挡自然界的风风雨雨。

我们人是最会改变自己的物种，可以当一颗墙头的小草，也能当一株参天的大树。并不是所有人都能长成参天大树，因为有的人被贪欲蒙蔽了双眼，忘记了顺应道的准则。平常人，就像墙头的草一样，东边有利可图就倒向东边，西边有利就倒向西边，虽然可能得到一时的利益，但是毕竟根基太浅，一场暴风雨就能将其毁灭掉。一棵参天大树就可以肆意生长，不受限制了。因为树长得越大，根系就越发达。

智慧的人也有大树的品德，他们表现出来的聪明才智只是一部分，他们将更多的精力放到了体会大道上，不追求枝叶的繁茂，而追求根须的发达才能成就其枝叶的繁荣。圣人不追求智慧，而追求天道，所以才能拥有绝高的智慧。如果树足够大的话，无论哪个方向的风都不能将其轻易撼动，就像人只要道德高，无论什么样的诱惑都不能引起他的欲望。得道之人的心境就像婴儿一样，就算将皇帝的龙袍披在他身上，他也不会利用；就算有沉鱼落雁的美女和他依偎在一起，他也不知道追求；就算是置身金玉满堂的豪宅，他也不会动心；就算是利剑抵到他的咽喉上，他也不以为意。圣人对于世俗的生老病死、荣华富贵已经失去了兴趣。世俗的威胁和诱惑对圣人来说就像一缕清风拂过大树一样。

第六十章　治大国，若烹小鲜

原典

治大国，若烹小鲜①。以道莅天下，其鬼不神；非②其鬼不神，其神不伤③人；非其神不伤人，圣人亦不伤人。夫两不相伤，故德交归焉。

注释

①小鲜：小鱼。

②非：不但。

③伤：损害、伤害。

译文

治理大国和烹煎小鱼道理相同，以“道”治天下，鬼怪便不能作祟，不是它们不愿作祟，而是它们作祟也不能伤人。不但鬼怪作祟不能伤人，圣人也不会去伤害人民。若两者都不去伤人，那么人民就能从他们的德行中受益良多。

解析

先说说怎样才能做出一份美味的小鱼，如果用力翻炒的话就会让小鱼烂掉，那么结果肯定是不能吃了。如果将鱼放到锅里一动不动的话，下面的小鱼肯定会糊，这时候上面的小鱼可能还没熟。所以烹调一锅小鱼，不能一动不动，也不能将其肆意地翻炒，要把握好一个足够的火候。在掌握好怎样适度翻炒后，还要根据鱼的品种和口味放入适当的调料，这样做出的鱼才能美味可口。无论哪个环节出现问题，都会导致做出一份特别难吃的菜。老子认为治理一个大国就像烹调一锅小鱼一样，既不能下达过多的政令，也不能真的不管不顾。下达过多的政令，国家就会像翻炒过多的小鱼一样被搅烂；如果对人民不管不顾的话，那么国家就像不经翻炒的小鱼那样，一面焦糊一面是生的。所以治理国家也要讲究适度原则。

作为一个国家的统治者，如果只使用严刑峻法和暴力来治理人民的话，将很快走向灭亡。世界上没有完全相同的两件东西，也没有完全相同的两个人。统治者要允许不同的人存在，要允许人民发出各种各样的声音，只要不违背道德和合理的法律，所有的行为都应该被允许。如果强行要求百姓都成为一样的人，言行都做出规范，那么无异于削足适履。理想的统治者应该顺其自然，不要对百姓施加不必要的约束，要让他们自由地生产和生活。

东周时期的孙叔敖就是一个理想的统治者，他是楚国的令尹（即国相），在他的治理下，楚国繁荣昌盛，人民安居乐业，帮助楚庄王成为当时天下的霸主。

孙叔敖主张“施教于民”、“布政以道”。他非常重视人民的生活和生产，完善一系列经济、政治和民生相关的政策法令，使得农民、工人和商贾等社会各个行业都得到了很大的便利。

当时天下通行用贝壳当作货币，被称为贝币。楚国仿照贝币的形状用铜铸造了贝壳形状的铜币，被称为铜贝，由于这种货币很像蚂蚁，所以也叫作“蚁鼻钱”。庄王嫌这种货币的重量太轻，下令废除小币改铸大币。虽然这看起来是一项善政，可以使老百姓用上更加厚实美观的钱币。但是老百姓却很不满意，数枚铜贝才能铸成一枚大钱，这使得人们蒙受了巨大损失，尤其是商人们几乎受到了灭顶之灾，纷纷放弃商业经营。本来出发点是好的政策，却使得市场非常萧条。更大的问题是，人们由于贫穷都不敢在城市里居住了，使得国家的稳定受到了威胁。

孙叔敖特别反对这项改革措施，他请求楚庄王恢复原来的铜贝。庄王答应了他的请求，只用了三天时间，国家又恢复到原来繁荣的局面。一项政策的好坏和其出发点有关系，但是关系不大，好的出发点却不一定带来好的结果，但是差的出发点却很难带来好的结果。

在当时，淮河流域常常闹水灾，严重影响了农业的生产。孙叔敖亲自调查，主持兴修了大量水利设施。其中最著名的就是芍陂的建设了。这里原来是一片低洼地，孙叔敖就发动数十万农民，修筑堤堰连接东西的山岭，开凿水渠引来河水，造出了一个人工大湖。并修建水闸以调节水量，既可以防水患又能灌溉浇田。芍陂的修建造福后世数百年，在当时振兴了楚国的经济，在后世则使当地一直旱涝保收。发动数十万农民做工无论怎样说都算是劳民了，但是这些农民并不是去打仗，也不是被派去修建毫无用处的宫殿，而是去修建造福后世的水利设施。一场劳动就换来一个地方数百年的丰收，这样的行动是不能称之为扰民的。

孙叔敖凭借在经济上的敏锐眼光，劝导百姓利用秋冬农闲的时候上山采伐竹木，并在春夏多水时通过水道运出去卖掉。这样一来，让农民的生活得以改善，国家也得以增加收入。孙叔敖这种因势利导的经济观点直到现在都值得提倡，其经济思想、发展经济的措施仍旧有其现实意义。

有些人理解的无为而治就是无所作为，事实证明真正毫无作为的统治者是不可能让人民安居乐业的。孙叔敖的善政不但是为，还是大为，但是他并没有增加民众的负担，反而千方百计使民众增加收入的来源。对民有利的“为”才是真正的“为”，对民众没有好处的“为”可以称之为乱国了。

第六十一章　大邦者下流

原典

大邦[①]者下流，天下之牝，天下之交[②]也。牝常以静胜牡[③]，以静为下。故大邦以下小邦，则取小邦；小邦以下大邦，则取大邦。故或下以取，或下[④]而取。大邦不过欲兼畜人，小邦不过欲入事人。夫两者各得所欲，大者宜为下。

注释

①邦：指国家。

②交：交汇、汇集。

③牡：雄性。

④下：谦下。

译文

大国好比江河的下游，它像雌性那样柔弱，使天下百川汇集于此。雌性常以安静胜过雄性，这是因为她总是让自己处于下的位置。所以，善于处于下的大国可以领导小国；若小国善于处下，那么便可以容入大国之中。因此，谦下的大国得到小国的信任，谦下的小国得到大国的支持。大国这样做为了增加人口，小国这样做是为了依附于大国。双方各得其所，大国更应谦下。

解析

大海因为处在低洼的地方，所以天下的水流都要向它聚集。大国也应该像处在低洼处的江河那样，才能获得更多民众的拥戴和国家的依附。强大的国家想要成为天下的盟主，绝对不能通过炫耀武力来得到，这样的话用不了多长时间，你的地位就会被更加强大的国家所取代。如果用谦卑的胸怀容纳所有的国家，用公正的态度处理所有的事情，又怎会得不到其他国家的尊重呢?

有很多小国懂得柔弱处下的道理，得到了许多国家的尊重，难道不一样是成功的表现吗? 瑞士可以说是非常小的一个国家了，但是全世界的国家，我们能叫出名字的并不是太多，可瑞士却无人不知，这并不是由于它的领土广大，而是在于它善于时时刻刻保持谦卑的姿态。在很久之前，瑞士就宣称是永久中立国，它不会在任何国际争端中表态，更不会出兵与人打仗。正因如此，无论哪个国家都不会打瑞士的主意。得益于其永久中立政策，使得瑞士的银行拥有了来自世界各地的客户，将钱存放在瑞士银行就代表着你的钱将永远安全。谁能忍心攻击这样的国家呢?

谦卑处下是实现自己愿望的最有效方式，无论是人类还是动物都拥有这样的特性。雌性动物和雄性动物相争执的时候，雌性动物常以谦卑的姿态胜过逞强好胜的雄性动物；两军对战的时候，骄兵必然惨败；两国相争的时候，狂傲的国家也必然是先灭亡。正因如此，无论是人与人之间的交往还是国家与国家之间的相处，都应该有谦下的气度和胸怀。

周朝王室衰微，诸侯争霸，天下大乱，在不长的时期内就有 30 多次弑君篡位的事发生，50 多个小国相继灭亡。诸国混战之下，弱小的国家只能灭亡，强大的国家却更加强大，先后出现了齐、晋、宋、楚、秦等国争夺天下的霸主地位。

大国不懂得礼让的道理，小国谨小慎微也不能免于灭亡。在争霸中各国之间残酷战争连绵不绝，给人民的生活带来巨大的灾难。四处征战、流血杀戮成为东周的常态。在长达数百年的战争中，无数人埋骨战场，又有更多的人死在了战争之后的瘟疫中，人命简直比草芥还不值钱。其中秦国大将白起在与赵国的战争中，一次就坑杀了赵军 40 万人。这样大规模的杀戮在热兵器时代也是非常罕见的！

孟子说“春秋无义战”，在诸侯争霸的形势下，小国只有依附大国，成为混战中大国的附庸和棋子，才不至于很快灭亡。大国也需要不断拉拢小国成为同盟，才能获得更大的利益。小国对成为哪个国家的附庸是有选择的权利的，如果只用武力威胁很难让小国心服口服，只有以一种谦卑的姿态，才能得到小国的真心来归。

谦下、柔弱、不争在国际与人际关系中处处都有所体现，它不仅是国与国相处的基本原则，也是我们每个人与他人友好相处的规范。无论是哪个国家还是哪个人，违背了大道的立场，都需要接受惩罚。

第六十二章　美行可以加人

原典

道者，万物之奥，善人之宝①，不善人之所保。美言②可以市尊，美行可以加人。人之不善，何弃之有？故立天子，置三公③，虽有拱璧以先驷马④，不如坐进此道。古之所以贵此道者何？不曰：求以得，有罪以免⑤邪？故为天下贵。

注释

①宝：至宝。

②美言：赞美的话。

③三公：太师、太傅、太保。

④驷马：四匹马拉的车，表示地位高。

⑤免：免去。

译文

道主宰万物，善良的人视它为至宝，不善良的人也用它来保护自己。好的语言可以获得别人的尊敬，好的品行可以得到别人重视。对于那些不善之人，为什么要抛弃他们呢？所以，天子登基、设立三公的时候，与其用拱璧在先、驷马在后的仪式庆贺，还不如把“道”传授给他们。古人为什么如此看重道呢？不就是为了对它有所求的时候得到保佑，有大罪的时候可以逃过一劫吗？所以道才被天下人看重。

解析

有的人相貌非常丑陋，但是却能得到别人的亲近；有的人容貌非常俊美，却只会让别人厌恶。容貌的丑陋并不能代表什么，优雅的举止和近乎大道的心境才是一个人才能的标杆。这个世界上并不是所有人生来都有一副英俊的外表，也并不是所有人都有一颗聪明的脑袋，但是无论你是什么样的人都会得到别人的爱戴，方法其实非常简单，只要遵守大道就可以了。

世界上有的人非常漂亮，又的人却非常丑陋，这都是天生的，没有人能决定自己长成什么样子。整容手术可以在一定程度上修饰我们的容貌，从而增加我们的自信；但整容手术却让一部分人反感，他们认为天生的容貌才是最自然、最漂亮的。任意修改自己的样子是没有必要的，因为容貌只是作为一个人的一部分而已，更重要的部分是内心。每个人的心境也是不同的，有的人道德水准很高，有的人却很堕落。我们情愿和一个容貌丑陋、道德水平很高的人相处，也不会亲近一个美貌却邪恶堕落的人。

即便容貌丑陋，能够说动人的语言就能得到人们的尊敬，拥有良好的行为可以成为世人崇拜的对象。追求大道的人，就会越来越亲近大道，当拥有了“道”的胸襟，就能做到不通过言语而让人感动，不做任何事而让人钦佩了。庄子在他的书里就描写了一个近乎得道、容貌丑陋的人。

鲁哀公问孔子说：“卫国有一个人，样子奇丑无比，他叫哀骀。但是男人和他相处一段时间后就舍不得和他离开，女人见了他后也为之着迷，回家就会和父母说：‘与其做别人明媒正娶的妻子，还不如去做这位先生的小妾。’有这样想法的女子还不止一个两个，而是有很多。从来没有听到他发表什么高论，只是见他点头应和而已。他没有能力为人解救危难，也没有钱财去赈济贫民，既听不到他惊人的妙语，也看不出他过人的才华，他那丑陋的模样却让人非常惊骇。可是无论男人、女人都想亲近他，可见他必定有异于常人的地方。我召他来我的宫殿，他的面目丑陋得叫人害怕。但是和他相处不到一月，我就感觉到了他有过人之处，还不到一年的时间，我就非常信任他了。那时国家正好空缺宰相的职位，把国事委托给他，我就觉得很放心。宰相之职可以说是权力极大的了，简直是一人之下万人之上，是很多人求之不得的高位，他却并没有过分地回应，还是那副淡然的样子。他似乎无意承应，但是却又未加推辞，那样子使我感到十分惭愧，最终还是把国事委托给了他。没过多久他离我而去，我忧闷得好像丧魂失魄一样，好像国内再无人可托国事、再无人可与我享太平似的。他究竟是个什么样的人呢?"

孔子回答说："我曾经去过南方的楚国，在那儿恰巧碰见一群小猪在刚死的母猪身上吃奶，不一会儿就惊慌地逃离了母猪。因为母猪已经死了，没有任何意识了，它和活着的时候是不一样的。可见小猪之所以爱母猪，不是爱母猪的样子，而是爱母猪的思想。战死疆场的战士行葬时不用棺椁，砍断了双脚的人不会再喜爱原先的鞋子，做天子嫔妃的女子不剪指甲不穿耳眼，为求形体的完整尚且如此，何况德性完全的人呢？更何况与'道'同流的人呢？你刚才说的哀骀，他没有开口就能取得别人的信任，没有功业就能赢得别人的尊敬，没有显示才干别人就愿意委以国事，不正是由于他身上'德性完整'，不正是由于他与'道'同流吗?"

获得大道至理的人，他的谈吐行为就会让人倾倒，以至于让人忘记他是一个特别丑陋的人。这种人根本不需要外表去增加自信，所以不穿特别华丽的衣服；这种人不需要时时刻刻与人交谈，所以说得话不多。你是否希望自己成为一个这样的人呢？

第六十三章　由小及大

原典

为无为，事无事，味无味。大小多少①，报怨以德。图②难于其易，为大于其细；天下难事必作于易，天下大事必作于细。是以圣人终不为大，故能成其大。夫轻诺必寡信③，多易必多难。是以圣人犹难之，故终无难矣。

注释

①大小多少：小生大，少生多。

②图：谋划。

③寡信：信用不良。

译文

以无为之法作为，以无事之法做事，把无味当作有味。小生大，少生多，以德报怨。做一件困难的事情时要从容易之处入手，做大事的时候要从细微之处入手。圣人在做这些事的时候，从不认为自己多么伟大，所以他们终能成就大业。那些轻易许诺的人通常都不讲信用，若小看某些事情，那么在做事的过程中必定会困难重重。圣人在做事的时候总是认真对待遇到的困难，所以没有什么困难能难倒他。

解析

有形之物其“大”必定由其“小”发展而成，历久之事其“多”必定由“少”积累所致。秋天的落叶发芽于初春，滔天的巨浪来源于细流。千里之堤溃于蚁穴，万丈高楼焚于火星。所以克服困难要从易处着手，成就大业要从细处开头。等千里之堤决口之后，再去堵漏洞就非常困难，而在堤溃之前堵塞蚁穴易如反掌；等到火势烧到了屋顶，再去叫消防队来灭火就为时已晚，而在火星刚起时将它灭掉便不费吹灰之力。任何事情在开始时处理便事半功倍，也容易避免不幸的灾难发生。

局面在安稳时才容易维持，等到事物显现出裂痕时再处理就有些晚了。如果能够在事情最早有微小显现的时候就发现它，那么就好处理多了。两人合抱的大树，由细小的树苗长成；九层的观礼台，从一锹一锹的泥土筑起；万丈的高楼，要一砖一瓦砌成。病魔也是这个样子，没有人一开始就得特别严重的疾病，所有重症都是一点一点积累起来的。即便是癌症在早期发现的时候，得到及时救治的话，治愈率甚至能达到百分之九十九以上。可怕的是不在乎身体的微小反应，从而误诊病情，耽误治疗的时间。人生舞台，也是从小开始的，想要一步登天那是很难的事情。

无论做什么都要从点滴小事做起，既要志存高远，又要脚踏实地。要给自己定一个切实可行的目标，这样才能有所斩获，如果只是盲目地天天忙碌于琐事，那样的人生就是碌碌无为的。已经有了明确的目标，又不愿意从基层做起，那么只会离自己的目标越来越远。

东汉末年的陈蕃是一位很杰出的文人，是朝中有名的士大夫，他的言辞被当时士人当作准则，他的行为更是一时效仿的楷模。他见天下烽烟不息，山河分裂，生灵涂炭，慨然有澄清天下之志。这样的抱负不可谓不大，立志也不可谓不高。由于他的举手投足对当时社会影响很大，他自己当然也十分自负，因而，逃避一切人生的琐事，任何平凡小事都懒得动手。他家里纸屑和灰尘到处乱飞，蛛网把家具和天花板连成了一片，家中实在是脏乱得不堪入目。

一个书生特地慕名造访，一进门见到他家这种糟糕的样子觉得非常奇怪，大惑不解地问他说："先生干吗不把家扫一扫呢?"

陈蕃慷慨激昂地说："大丈夫应当为国家扫清天下，哪能为自己扫清家室呢?"

那位书生不以为然地说："你连自己家里巴掌大的一块地方也扫不清，怎么有能力去扫清天下呢?"

任何事情都要从细微处开始，最小的事情就是开始打扫自己的屋子了。或许有人认为治理天下和清扫屋子是完全不同的一件事，试问不能够忍受国家的混乱，又怎么能忍受房屋的凌乱呢？想要成为伟大的文学家要从认识第一个字开始，想要成就一番伟大的成就，必须把身边事情做好。

第六十四章　千里之行，始于足下

原典

其安易持，其未兆[1]易谋；其脆[2]易泮，其微易散。为之于未有，治之于未乱。合抱之木，生于毫末[3]；九层之台，起于累土[4]；千里之行，始于足下。为者败[5]之，执者失之。是以圣人无为故无败，无执故无失。民之从事，常于几成而败之。慎终如始，则无败事。是以圣人欲不欲，不贵难得之货，学不学，复众人之所过，以辅[6]万物之自然而不敢为。

注释

①未兆：未发生征兆。

②脆：脆弱。

③毫末：细小的萌芽。

④累土：堆土。

⑤败：失败。

⑥辅：辅助、引导。

译文

安定的局势容易维持，事物还未露出端倪的时候容易图谋；脆的东西容易破碎，微小的东西容易丢失。要在事情没发生之前拔除其隐患，要在祸乱没有暴发之前早做准备。合几人之力才能抱住的大树也是从细小的嫩芽长成的；九层的高台也是从第一层开始筑起的；远行千里也是从第一步迈出的。为所欲为的人必将以失败告终，执着于某些事物的人必将失去一切。所以，圣人从不为所欲为，那么他便不会失败，圣人从不执着于某些事物，那么他便不会失去什么。人们做事情经常在即将成功时却失败了。如果能始终如一，事情就不会失败。因此，圣人要别人不要的东西，而且从不把难得的财宝视为珍贵之物，他们还学习别人不愿学的东西，以此来补救世人的过失。所以，圣人能以这些引导万物自然发展，而不横加干涉。

解析

如果了解大道的规律，就能知道万事万物的发展状况，就能很简单地解决问题。如果对一件事的始末一点也不了解的话，就妄图去控制去主宰，无异于痴人说梦。凭空不会建立起万丈高楼，任何事物都有其初生的时候，这时候它是细微而弱小的，在这个阶段可以更自由地管理和控制。

每一棵大树都是从一个嫩芽长成的，在还没有长大的时候，我们可以任意控制它，让它长成我们希望看到的样子。如果这棵树已经长到足够大，再想修正它就不可能了，这时树是弯的就会永远弯，是直的就会永远直。一棵大树修正或移动它是非常困难的，将它的树枝砍掉，树根切掉，然后移植到某公园或景点，给人的感觉是没有灭掉这棵树的生路，但是人所不知的是，移植的大树成活率非常低。所以无论什么事都要从小培养，从小修正，长大了再处理就来不及了。

我们知道孩童时期是一个人成长的关键，俗话说“三岁看大，七岁看老”。

小时候是孩子性格的形成期，这时候父母传递给孩子负面情绪的话，孩子长大也会受到这种情绪的影响。如果小时候对孩子任性放纵的话，那么等孩子长大再去管教就已经来不及了。

无论什么事情，都应在还没有造成恶劣后果之前就控制它，如果等恶果扩大之后，无论谁都回天乏术了。

扁鹊是中国历史上赫赫有名的医生，他周游各诸侯国，每个人都将其视为座上宾。有一次，扁鹊在蔡国做客，在和蔡桓公说话时，扁鹊就发现他好像得了病，就和他说："您生病了，目前病情比较轻，还在表面，及时救治还来得及。如果放任不管的话，就会向肉里发展。"

蔡桓公没有感觉到任何不适，笑着说："我没有病。"他对自己的身体非常自信，反而有点怀疑起扁鹊的能力来。扁鹊出去以后，蔡桓公对旁边人说："医生喜欢给没有病的人治病，来显示自己的医术高明。"

过了十天，扁鹊又见到蔡桓公，郑重地对蔡桓公说："你的病已经加深了，已经发展到肉里面了，如果不马上医治，恐怕会更加危险。"这次惹得蔡桓公有点不高兴了。

十几天后，扁鹊和蔡桓公见面后劝告说："你的病已经发展到内脏里了，现在医治还有一线生机，不然就来不及了。"蔡桓公这次连起码的礼貌都没了，责怪扁鹊胡说。

又过十天，扁鹊看了一眼蔡桓公转身就跑了。蔡桓公不知道扁鹊为什么跑，派人去问他，扁鹊对来人说："病情在皮肤里的时候，用药外敷就行；病情发展到肉里面，吃点药，再用针灸也能治好；如果病情进了肺腑，虽然难以根治，但是慢慢调养也能治；但是病情恶化到骨髓里，就没有任何办法了。蔡桓公的病已经深入骨髓，离发病的日子不远了，我对他的病情已经没有办法了。如果他发病，我治不好的话，肯定会迁罪于我，不逃跑还能怎么办呢?”

还没过五天，蔡桓公就全身发热，高烧不退，疼痛难忍。这时候想起了扁鹊的话，可是再去派人寻找他的时候，扁鹊已逃到秦国了。没过多久，蔡桓公就病死了。

蔡桓公的病如果早点医治，也不至于死掉，但是他对于自己的认知太过自信了，他察觉不到病情的发展，耽误了治疗也是可预料的。扁鹊能够一眼看透病情的发展情况，和他的专业知识是分不开的。在工作和生活中，我们想要练就一双火眼金睛，一眼看透事物的发展情况，必须具备良好的专业素养。

第六十五章　以智治国，国之贼

原典

古之善为道者，非以明民，将以愚①之。民之难治，以其智②多。故以智治国，国之贼③；不以智治国，国之福。知此两者，亦稽式。常知稽式，是谓玄德。玄德深矣，远矣，与物反矣，然后乃至大顺④。

注释

①愚：敦厚、淳朴。

②智：这里是狡诈之意。

③贼：指祸国殃民的人。

④大顺：顺应自然、顺应天道。

译文

古时善用道治国的人，不是让人民变得机智狡诈，而是让他们变得敦厚淳朴。人民之所以难以治理，正是因为他们心机颇深。所以，若让心机颇深之人治理国家，必将是国之大害，把这种人排除在外，才是国家的福气。知道了两者之间的不同，也就领悟了治国之法，经常感知这种方法带给人民的好处，就是掌握了“玄德”的奥妙。“玄德”深远奥妙，它能带领万物回归本原，这样便能顺应自然。

解析

道的规律和本质是不能被改变的，人们只能去顺应道的发展。如果非要显示自己的强横，想要打破道的规律，新建一套新的规律，只能是一个可笑的小丑罢了。这样的行为就像一个人为了显示自己力气大，想要揪住自己的头发将自己拽离地面一样愚蠢。我们比其他物种拥有更多的智慧，但是本质上和万事万物没有任何区别，在道面前我们是平等的。即便是在佛教中，也认为事物没有高低贵贱之分。在佛陀眼里，一粒砂子就蕴含着一个世界，和一个世界同等重要，卵生的动物和胎生的动物没什么不同；美貌的人和丑陋的人都是一副骷髅骨。如果认为自己高人一等就胡作非为，这是何等的幼稚与可笑呀。

想要顺应道的发展，就必须抛弃心中浮现的各种机巧心思。在人类社会发展的任何阶段，阴谋诡计都不是主流，即便是做一些龌龊的事，也需要披一件伪善的外衣，没有谁敢公然蔑视道德和法律的准则。在诸侯混战的春秋战国时期，人们也必须遵守公认的道义，如果不遵守就会让人们唾弃，即使是特别强大的国家，成为天下霸主，也不敢胡作非为。他们知道，大道是这个世界的控制者，如果脱离道德的束缚离毁灭也就不远了。治理一个国家，不能任凭自己的性子胡来，要结合当时的情况，预见到可能出现的结果，才能从容布局。只是一味大刀阔斧地改革，忽视客观规律，这样只能叫乱国。

王莽在当丞相时励精图治、兢兢业业。他篡汉自立后，实行了一系列乱国政策。他并不是不想把国家治理好，只是他的政策并不适应当时社会的需要，他一味地复古，不但得不到古代政治的淳朴，反而将国家弄得一团糟。

王莽一朝最著名的货币政策，可以算得上中国政治史上的奇葩政策了。在之前，汉朝一直使用五铢钱，这种从秦朝就流行开来的货币已经深入人心，人民使用着非常便捷。为了一味复古，王莽下令在五铢钱之外增铸大钱、契刀、错刀。这实际上是用少量的铜铸造大面额的货币，一下子让市场混乱了起来。原来的五铢钱，每钱重五铢，但是新钱用很少的铜铸造出能够兑换数十甚至上千枚五铢钱的货币，这怎么能不导致市场混乱呢？虽然客观上增加了国家收入，但是却损害了百姓的利益。在第二次货币改革中，王莽干脆废除五铢钱及刀币，另外施行宝货制，计有五物（金、银、龟、贝、铜）六名（钱货、黄金、银货、龟、贝货、布货），共二十八种货币，被称为二十八品。如此种类繁多的货币，就是受过良好教育的现代人，都不一定能够计算清楚，何况很少有人识字的古代呢？

由于货币种类太多，换算起来又十分困难，因此流通非常不便，人们在暗地仍旧使用五铢钱。王莽为了推行二十八品货币采取强制措施，下令严禁私铸钱。甚至不允许民间拥有铜制品，因为铜可以作为铸钱的原料。王莽下令民间藏有铜、炭者，都被指为私铸货币，一家盗铸，五家连坐。即使这样，也不能让新货币顺利流通。一年以后，新的货币政策再也运行不下去了，王莽被迫废除二十八品货币政策，只留小钱值一和五钱五十两种，这时人们的生活才渐渐步入正轨。

王莽的货币政策非常不利于贸易的进行，简直是对商业活动的巨大破坏。他的政策只能使政府积攒大量的金钱，但是无利于国计民生。当他的政权被推翻后，人们发现了仓库里堆积如山的金钱。这些钱并没有对他的统治带来一点好处，反而成了他的催命符。政府应该善待自己的人民，不应该过分索取。任何改革都不应该以涨价和获得利益为目的，只有切实为人民考虑，才能得到人民的拥护。

第六十六章　不争，故天下莫能与之争

原典

江海所以能为百谷①王者，以其善下之，故能为百谷王。是以欲上民②，必以言下之。欲先民，必以身后之。是以圣人处上而民不重③，处前而民不害。是以天下乐推而不厌，以其不争，故天下莫能与之争。

注释

①谷：这里指水流。

②欲上民：要想统治百姓。

③重：负担。

译文

江海之所以能汇集百川，是因为它总把自己置于低地，所以它能成为百川之王。因此，要想统治人民，就必须在言行上表现自己的谦卑；若想领导人民，必须以人民的利益为先，自己的利益为后。所以，圣人的地位虽然比人民高许多，但人民并不以此为负担，圣人虽然走在人民之前，但人民并没有感到自己会受伤害。因此，人民永远都会真心拥戴他。因为他与世无争，所以世上也就没有人和他相争。

解析

有人认为，一般人的级别是做不到不争的，只有做到董事长级别或者某一级别的大官才能不争。这样的人有钱、有权、有的玩，也有时间享受了，也就没有争的必要了。或者一无所有也不用争，一个乞丐，也没有什么好争的。这样想的人，肯定不是董事长，也不是乞丐。争与不争和处的位置是没有关系的，只是人们的欲望在作祟罢了。只要拥有过分的欲望就会争，无论他处在什么样的位置，无论他有没有钱，也无论他是否能吃饱饭。还有的人说，没有房，没有车，连一个幸福的家庭也不能维持，不去争能行吗?

争和不争是态度问题，与其他的任何因素都没有关系。房子重要吗? 有人说没有房子就娶不到老婆，找个不要房子的老婆不就行了，相比那些吃饭都困难的人，有一个稳定的工作已经是值得满足的事。我们所说的不争，并不是真的安于现状，无所事事，而是一种恬淡安宁的心境。不争，是不争那些蝇头小利，谁想要拿去就是了。如果因为争执以至于刀兵相向，无论胜负，最终吃亏的还是自己。真正有价值的东西并不需要与别人争，因为那种东西无处不在，无止无尽，想要就能得到，这件东西就是大道。大道无形无相，无处不在，不是竞争能够得到的。竞争的根源，就是人们心中的贪欲，没有了贪欲，就能内心平静了。

从前有一群人在赶路，粮食和水都消耗尽了，他们又渴又饿。相对于饿来说，口渴要痛苦得多。人们都希望能够找到水源，但是沿途看到的河流和水井都干枯了，火辣辣的太阳仿佛将大地上最后一滴水都蒸发掉了。人们都几乎快忍耐到极限了。

忽然有人惊呼了起来，前面有一眼泉水。人们放眼望去，果然有一眼清泉，清澈的泉水让所有人都兴奋了起来。人们飞奔到泉水前，却看到一块石碑，上面写着两个古拙的大字“贪泉”。有人说：“这就是那眼贪泉呀，谁喝了这贪泉泉水就会变得非常贪婪。”每个人心里都咯噔一下，人们都知道这眼贪泉的魔力。但是这时候已经有人不顾一切地痛饮上了，一些本来不想喝的人舔着自己的嘴唇也犹豫了起来。几乎所有人都在饥渴和贪婪之间，选择了贪婪。就在刚刚人们争抢着跑过去的时候，只有一个孩子，他只给人让路，没有争抢，没有喝。

到达目的地后，吃喝都不再是问题，但是除了那个孩子，其他人都成了贪婪的人。有一次下起大暴雨，人们害怕屋子倒塌纷纷跑到外面，那些喝了贪泉水的人却不愿舍弃自己的财产，都被砸死在倒塌的房子里。

贪婪将人变成了魔鬼，也让人变成眼里只有利益的怪物。只想着怎样和大道亲近，并不是一件坏事。一直想着怎样得到更多，离被抛弃也就不远了。

第六十七章　我有三宝

原典

天下皆谓我“道”大，似不肖[①]。夫唯大，故似不肖。若肖，久矣其细也夫！我有三宝[②]，持而保之：一曰慈，二曰俭，三曰不敢为天下先。慈故能勇；俭故能广；不敢为天下先，故能成器长[③]。今[④]舍慈且勇；舍俭且广；舍后[⑤]且先[⑥]；死矣！夫慈，以战则胜，以守则固。天将救之，以慈卫之。

注释

①不肖：不相似。

②三宝：这里指三条原则。

③器长：万物的首领。

④今：假若、如果。

⑤后：退让。

⑥先：争先。

译文

世人都说“道”大而无形，没有什么东西和它相似。正因为它大而无形，所以才没有任何事物和它相似。如果有的话，就说明它非常渺小。我用三条原则来保全它，让它得以顺利执行：第一是慈爱，第二是节俭，第三是不与天下争先。仁慈可以激发斗志；节俭才能大方；不与天下争先，才能成为万物之首。若抛弃仁慈追求勇武，抛弃节俭追求大方，抛弃退让追求争先，最终将走向灭亡。把仁慈用于战场之上就会获胜，用于防守就会固若金汤。上天将要帮助谁，就会用仁慈去护卫他。

解析

在这一章里，老子介绍了圣人应该有的德行。圣人的所作所为都是效法大道的，大道无心，而产生了天地，天地无心而生出了四季，四季没有心而春生秋长。大道无欲无求，所以无心无为，从而成就这个世界。圣人抛弃了智慧，将自己的心和大自然的心合为一体，才能拥有像道一样的宁静恬淡。

圣人是慈爱的，在道面前万物平等，圣人对所有事物给予了相同的慈爱。道心无欲无求，圣人也拥有简朴的作风。道没有私心，因此圣人也不会与人争先。慈爱、简朴、不争先，就是圣人向大道学习到的品格。

对于我们平常人来说，最爱的是我们的亲人，其次是我们的亲密朋友，再次是同乡同城，距离我们越遥远的人，我们给予的爱就越少。圣人则不然，老子说："圣人不仁，以百姓为刍狗。"在圣人眼里，所有人都是一样的，没有任何分别。在圣人眼里，每个人都是道的产物，同时也是道的一部分。圣人与道亲近，也就是与每个人都亲近。

任何身体上的享受都能扰动圣人的内心，这就成就了圣人简朴的作风。感官的刺激已经不能引起圣人的欲望了，当一个人向往大道的时候，道之外的一切都是多余的。圣人内心清静无欲，自然没有了和人争斗的心思。在大道中，争，什么都得不到；不争，反而能得到一切。

拥有圣人品格的人无论处于什么样的位置，都能成就一番事业。处江湖之远，则心系天下；处庙堂之高，则无为而治。

吕端是北宋的一代名臣，他的名气除了功绩外，也因为他的个性与众不同。在我们的印象里，宰相肚里能撑船，往往是一副喜怒不行于色，却又杀伐果断的样子。吕端虽然也当过宰相，但是这人无论见谁都是嘻嘻哈哈，还非常喜欢和人开玩笑。吕端常常被笑话没有相体，他从来不介入朝堂中的争斗，也不会给人搞小动作，因此他的名声和人缘都非常好。虽然他的政治生涯并不平静，几起几伏，但是毫不为意，无论是在地方还是中央，也不论担任什么职位都是很高兴的样子。

他和寇准都是参知政事，这个官职实际上就是丞相的别称。吕端主动要求将自己的名字放到寇准的下面。参知政事已是位高权重，排名先后或许在平常人眼里意义重大，因为前面的名字是一把手，后面的是二把手，但是在吕端看来，宁愿当二把手也不愿当一把手。这份不愿争先的气度就没几个人能够拥有。

吕端为人不会钻营，也不会讨好人，更不会察言观色，整天乐呵呵地混迹朝堂，因此有很多人称吕端为“糊涂吕端”。朝中有很多大臣对太宗说：“吕端这样的糊涂人怎么能担任一国的宰相呢?”太宗却说：“吕端这人小事糊涂大事可不糊涂。”

在吕端当宰相的时候，有人将叛军首领李继迁的母亲抓住了，很多人都说应该将其斩首，但是吕端却力排众议，认为不应该杀。太宗听从了吕端的意见。果然李继迁有所顾忌，不敢胡作非为了。太宗死后，宦官王继恩和参知政事李昌龄等勾结，在李太后的授意下，阴谋另立太子。吕端单枪匹马，说服李太后，才平息了这场宫廷政变。

吕端虽然当了几十年官，但是他从来没有利用职权为孩子开后门。还常常接济同僚，以至于在其死后，不得不卖掉房子才凑足女儿的嫁妆。宋真宗知道后非常难过，上谕给他家 500 万钱，才把房子赎回来。

吕端一生不争，却官拜宰相；被人称作糊涂虫，却办成了许多别人办不成的大事；地位高，却没有留下多少财产。这样的人已经拥有圣人的品格了。

第六十八章　善战不怒

原典

善为士者[①]，不武[②]；善战者，不怒；善胜敌者，不与[③]；善用人者，为之下。是谓不争之德，是谓用人之力，是谓配天，古之极也。

注释

①善为士者：善于用兵的将帅。

②不武：不炫耀武力。

③不与：这里指不与敌人发生正面冲突。

译文

善于用兵的将领，不会炫耀自己的威武；善于打仗的人不会轻易发怒；善于战胜敌人的人不会与之发生正面冲突；善于用人的人谦和有礼。这就是不与人争的德，这就是善于用人的能力，这就是顺应天道，它是古时“道”的最高境界。

解析

孙武是近乎得道的人，他虽然写了《孙子兵法》，但是这部书并不是教导人们如何在战场上厮杀的，而是想告诉人们，怎样处理才能将战争规模降到最小。孙武在《孙子兵法》中写道：“百战百胜，非善之善者也；不战而屈人之兵，善之善者也。”意思是每次战争都能取得胜利，看起来很好，但不是最好的。不通过战争而能取得胜利，才是最好的方法。战争从来只是手段，而不是目的。既然战争只是手段，那么通过其他手段完成最终的目的也是可以的。如果在达到目的的同时还能够保障每个人的生命和财产安全就更好了。

老子是反对战争的，以为战争是毫无意义的游戏。老子生活的年代是很少有职业士兵的，每当有战争发生，都需要临时征兵，征兵的对象即每天拿着锄头耕地的农民。让这样一群人相互厮杀是非常不道德的事。在自然界中同物种间并非没有竞争，但是多是个体间凭借本能地竞争，没有哪个物种像人类这样大规模地同种族厮杀。无论胜利还是失败，死亡的都是老实的农民，贵族是很少在征战中死去的，即便是战败的诸侯王，往往也能得到体面的下场，所以诸侯王们不在乎是否兴兵。

如果争斗不能终止的话，采取更温和的手段也不失为一种方法。

春秋战国时期争霸不断。管仲当上齐国的宰相后把齐国治理得很好，征服了许多小国，下一步目标就是要辅佐齐桓公称霸中原。当时一些强大的国家仍然不听齐国的号令，例如楚国。楚国对齐国并不服气，两国并没有交兵，自然不肯屈服。当时，齐国很多大臣都向齐桓公请战，希望能够率领士兵去攻打楚国。楚国知道齐国对自己虎视眈眈，自然也在积极备战。齐国宰相管仲说：“我们齐国虽然比楚国强大，但是两军交战，旗鼓相当，一场战争，就能让我们数年间辛苦积攒下的粮草用光，两国间无数生灵成为尸骨，所以不能用兵。”

虽然不用兵，但是管仲已经想好对付楚国的对策。管仲派遣一百多名商人到楚国去购买鹿。鹿并不是常见的动物，只有楚国才有，当地人将鹿当作普通的食物，只要两个铜币就能购买一头。管仲派遣的商人在楚国到处宣扬：“齐桓公喜欢鹿，不惜重金购买。”短短时间，一头鹿的价值就上涨到了三枚铜币一头，又过了不长时间，买一头鹿就需要五枚铜币了。

楚国君臣知道这个消息之后也很高兴。十几年前卫懿公喜欢鹤而亡国了，他们认为齐桓公喜欢鹿，那么齐国离衰败也就不远了。楚国君臣从此放松了警惕。

此时管仲已经将收购鹿的价格提高到了40枚铜币一头。见有暴利可图，楚国农民纷纷放下农具，到山里去捕鹿了。楚国的士兵也放下了兵器，偷偷上山寻找鹿。这时的楚国已经没人劳作了，几乎全国人都在寻找鹿的踪影。一年之后，楚国大旱。由于上一年农事荒废掉了，楚国没有了粮食。管仲下令，不许任何国家卖给楚国粮食。楚国空有堆积如山的钱币，但是没有任何用处，只好向齐国屈服了。

管仲只用一些钱币，就达到了比战争还要好的结果。如果实行战争，花费远比买鹿的钱大得多。这个世界上并不是只有战争能够解决问题，常常还有更好的手段达到目标。拥有大智慧的人从来不迷信武力，遵守道的准则，用慈爱之心对待所有人，才是最强大的力量。

第六十九章　用兵为客

原典

用兵有言："吾不敢为主[①]，而为客[②]；不敢进寸，而退尺。"是谓行无行，攘无臂，扔无敌，执无兵。祸莫大于轻敌，轻敌几[③]丧吾宝。故抗兵相若[④]，哀[⑤]者胜矣。

注释

①为主：主动进攻。

②为客：被动退守。

③几：几乎、差点。

④抗兵相若：指两军实力相当。

⑤哀：仁慈、怜悯。

译文

带兵打仗的人有这样一种说法："我不轻易主动进攻敌人，而是宁可采取防守的方式；我不轻易主动向敌方推进一寸，而是宁可后退一尺。"这就像打仗却不摆阵，抬臂却不挥手，面对敌人却好像没有敌人，手拿兵器却像没有兵器。恐怕没有比轻敌更大的灾祸了，因为轻敌我差点失去了我的法宝。所以，实力相当的两军对阵时，怀有怜悯之心的军队必胜。

解析

战争是世界上永恒的主题，直到现在和战争相关的电视、电影仍然占据人们生活的很大一部分。这些影视作品往往能够激发我们对军旅生活的向往。然而很少有人想到，战争又有什么意义呢？这个世界难道就不能没有战争吗？很多人认为这个世界是不公平的，只有通过战争的方式才能让自己获得更多的财富和权势，从而实现“公平”。然而作为战败的一方，就会想方设法为自己报仇，就这样很多国与国结下世仇，战争从争夺资源变成了报复与被报复。如果说争夺资源是为了满足原始欲望的话，那么为了面子和仇恨而打仗，则纯粹是人类自己带上的枷锁了。

理想的国度是这样的，国家对外不会和其他国家结怨；对内则给予国民一个公平的环境，使其自由发展。不和外国结怨，也就不会发生战争；平等和自由使人民能够安心生产，从而富足强盛。在这样的社会里，统治者不需要到处宣扬自己的军事强盛，更不会到处购买奇珍异宝，上下一心建设和谐幸福的社会，就能实现社会大同了。

统治者充满对权力和金钱的欲望的话，这个国家则会处于另一种完全不同的状态。为了满足自己的享受和战争的需要，统治者们将天下和人民当作自己的私产，会残暴地压榨人民；对外则频繁发动战争以耀武扬威，生怕别人不知道自己是一个强大的国家。造成的结果就是，人们无心从事生产，因为生产的东西总会被收走，使得社会百业凋敝。同时战争消耗了太多人力资源和经济资源，使得社会失去了继续发展的动力。人民越来越不能忍受，就会反抗。如果统治者不能给予人民安宁的生活，人民也不介意用自己的生命去反抗统治者。

夏桀是夏朝第十七代君主，他没有作为君主该有的修养，反而骄奢淫逸，残害人民。当时人们不愿再忍受他的统治，纷纷说："时日曷丧，予及汝皆亡！"这句话的意思是将夏桀比喻成太阳，太阳什么时候毁灭呢？我和你一起死亡。当人民厌恶统治者到这种地步，统治者还希望用高压政策对待人民的话，就已经踏上了死路。夏桀的统治，就是终结于人民暴动，人民将他流放，最后他被活活饿死。

如果统治者们处处显示自己的威严和强大，就会将国家和人民带入战争的泥潭。其实人民是很容易满足的，只要不过分苛求，他们就会对统治者信服。一个国家是这样，一个公司是这样，任何一个组织都是这样。一味地使用强权或许会一时强大，但保证不了长久安定。

第七十章　被褐而怀玉

原典

吾言甚易知，甚易行。天下莫能知，莫能行。言有宗，事有君①，夫唯无知，是以不我知。知我者希②，则我者贵。是以圣人被褐而怀玉③。

注释

①君：根据、依据。

②希：通“稀”，意为稀少。

③怀玉：怀揣美玉。这里指具有才能。

译文

虽然我的话简明易懂，容易实行，但世上却没有人能够理解，能够推行。我的话有主旨，办事有依据，由于人民不懂这些道理，所以也就不了解我究竟想做什么。只有极少的人理解我，而赞同我的人就少之又少了。因此，真正的圣人虽然外表淳朴，但内心却充满知识和才能。

解析

道似乎并不难理解，德似乎也并不神秘。道和德都在我们身边，整天和我们一起起床、一起休息，我们对道并不陌生。每个人都听过顺其自然这句话，但是要想真正做到这一点，却是很难的。

单单这一句话，能够让我们每天早上快快乐乐地早起，并心甘情愿地去上班吗？恐怕不能。我们普通人身上有太多的包袱，这些包袱压得我们喘不过气来，仿佛生命就是为了受罪来的。得道的人从不在乎现在的地位怎样，也不会在乎别人怎样评价自己，即便是穿着破烂的衣服，做着最辛苦的工作，也不会觉得苦闷。因为他们知道，外在的一切都是虚幻的，唯有内心的宁静才能认清生命的本质。

漂亮的衣服并不代表什么，只代表你的衣服漂亮而已，和你的内心没有任何关系。美丽的女性确实让人着迷，但是最让人迷醉的确是有气质的女性。只拥有美丽的外表是肤浅的，外在的美貌在一定程度上能够产生好感，不过美貌不会长久出现在一个人的身上，年华老去，美丽的容颜也就不复存在了。内心的美好却会随着年龄的增加，为其添加独特的魅力。

外在并不重要，内在的修养才能决定一个人的成就。在金庸的小说《天龙八部》中武功最高的不是丐帮帮主乔峰，也不是灵鹫宫主虚竹，而是少林寺藏经阁里的无名扫地僧。扫地僧在少林寺打扫了数十年的屋子，没有人注意到他，但他才是最强大的。

唐朝时的围棋国手王积薪也遇到过类似扫地僧般的人物，并向其学习，才使得棋艺更上一层楼。当时唐玄宗南寻巴蜀，围棋国手王积薪是随行人员中的一个。王积薪围棋水平很高，心高气傲的他自以为已经天下无敌了。有一天，出巡的队伍在蜀某地休息，王积薪脱离了队伍在河边走。到了傍晚，眼看就回不了营地了，只好随便找个地方休息。正好遇到一户人家，家里只有婆媳二人，王积薪请求借宿一晚，主人答应让他在外屋住一晚。到了夜里，王积薪睡不着，听到里屋婆媳俩的谈话。儿媳对婆婆说："今晚咱婆媳俩下盘棋吧。"

婆婆说："好吧。"

王积薪非常奇怪，两人没有点灯，又怎么下棋呢？只听到婆婆说："起东五南九置一子。"媳妇说："在东五南十二置一子。"婆婆说："起西八南十置一子。"媳妇说："在西九南十置一子。"两人只用心里想的棋盘下棋。王积薪也偷偷想着他们的棋路，结果越听越觉得精妙。过了不长时间，婆婆说："这局棋你输了，我已经赢了九子。"王积薪在心里默默地打起了棋谱，却无论如何也破不了婆婆的布局。第二天早上，一晚没睡的王积薪向婆媳俩请教棋艺，婆婆随手教了他几个起手式，便说："只用这些就能让你在人间无敌手了。"

无论是扫地僧还是教王积薪下棋的婆媳，在社会中都没有特别高的地位，也没有金钱，只是作为普通人而存在着，平常根本没有人认为他们有什么特别之处。漂亮的衣服能让人看到，胸中的韬略却没人能看得到。衣服总会坏掉，而美好的品德却不会丢失。学会内敛，是迈向更高成就的开始。

第七十一章　圣人不病

原典

知不知，尚[1]矣；不知知，病矣。夫唯病病，是以[2]不病。圣人之不病也，以其病病[3]也，是不病。

注释

①尚：通“上”，明智的意思。

②是以：因此，所以。

③病病：把缺点当作缺点。

译文

知道自己还有不懂的东西，是明智的；明明还有很多不懂的东西，却自己认为什么都懂，这是大的缺点。圣人之所以没有缺点，是因为他早就把缺点改正了。正是因为他能正确地看待自己的缺点，所以他才不会有缺点。

解析

孔子说：“知之为知之，不知为不知，是知也。”翻译过来就是，知道就是知道，不知道就是不知道，这才是智慧的人。然而有太多的人，不懂装懂，每天担心别人不知道自己才华横溢。殊不知，越显摆自己的才能，越显得自己无知而愚蠢。每个人都不可能了解所有的事情，有不知道的事情也很正常，根本不用纠结。知道自己的不足，用心去改正，不也是很快乐的事情吗？

我们需要担心的并不是自己知道的事情少，或者学识不够，而是要担心自己有没有一颗积极向上的心。有些人肚子里有点墨水便以为自己无所不知，无所不晓了，就想凭借着自己的“才能”去闯天下，到头来只能碰一鼻子灰。俗话说“没有金刚钻，不揽瓷器活”。如果没有能力做某件事而非要做的话，非但做不成，还会因为自己的狂妄无知受到惩罚。

近百年来人类的科技水平突飞猛进，在短期内获得了前人想都不敢想的成就。这固然提高了人们的生活水平，然而也使一部分人变得狂妄自大。很多人以为凭借科技的力量就可以无所不能，把自己当作这个世界的主宰者。科技的恶果现在显现了出来，河流和空气被污染，森林被砍伐，我们的每一口食物、每一次呼吸都包含着毒素，这都是科技的恶果。

这个世界上没有人是什么都会、什么都懂的，有不知道的事再正常不过了，所不同的是对待不知道的事的态度。普通人遇到不知道的事，就让他过去，他们觉得不知道就不知道，也没有什么大不了的；自负的人，遇到不知道的事，也要说自己知道，至于说出来的是对是错就不管了，反正已经说了；圣人也有不懂的事，但是圣人遇到不懂的事会留心记下，并细心思考。普通人得过且过，所以不会长进；自负的人不懂装懂，不但不会长进还会遭到鄙视；圣人能够不断学习，不断进步。

孔子是当时最有学问的人之一了，然而他也并不是什么都知道。孔子的学生樊迟向孔子请教种庄稼的道理，孔子说：“吾不如老农。”樊迟又向孔子请教种菜的道理，孔子说：“吾不如老圃。”对于技巧性的农活，孔子不懂，这丝毫不损害孔子的学识，反而因其直言不如老农、老圃，获得了别人的尊敬。

孔子不但可以对他的弟子说不知道，即便是面对两个孩子提的问题，回答不出来也没有胡说一气。在《列子·汤问》中记载了孔子被两个孩子难住的故事。

两个孩子在争论太阳是早上距离人近还是晚上距离人近。一个孩子说："太阳刚出来的时候，想车盖那么大，到了中午就像一个盘子那么大了。所有东西都是远小近大的，所以早上的太阳离我们近。"另一个孩子说："太阳刚出来的时候天气冷，中午却很热。近火就热，远离火就凉，所以说中午太阳离我们近。"

孔子回答不上他们的问题来，两个孩子还嘲笑孔子说："谁说你知道的事情多呀?"

如今只要是个中学生就能回答太阳什么时候距离我们近、什么时候距离我们远的问题。但是孔子所在的年代科技所限，他不可能回答出来，但这不会损害孔子在我们心中地位。老子说："知不知，尚矣。"知道自己还有不知道的，是很高明的。只要还有一丝上进心，就应该学习不懂的知识，而不是不懂装懂。

第七十二章　自爱不自贵

原典

民不畏威[1]，则大威至。无狎[2]其所居[3]，无厌其所生。夫唯不厌[4]，是以不厌。是以圣人自知不自见[5]；自爱不自贵。故去彼取此。

注释

①威：指君王的镇压。

②无狎：不要逼迫。

③居：住所。

④不厌：不痛恨、不厌恶。

⑤见：同“现”，意为表现、炫耀。

译文

当人民不再惧怕君王的镇压时，恐怕他就要大祸临头了。不要压迫人民，使他们居无定所，也不要阻挡人民的生计。君王不压榨人民，人民也就不痛恨他。所以，圣人是有自知之明的，而且也不会到处炫耀；圣人虽然自爱却不自贵。君王若想治理好国家，就一定要舍后者，保留前者。

解析

人民是最容易满足的，只要老婆孩子热炕头，外加有点田，就能幸福地生活下去，甚至粮食不用有太多剩余，只要够吃就很满足了。古代中国人唯一的希望就是不要随意打乱日出而作、日落而息的平静生活，甚至在高税赋的打击下，也能够淡定而精打细算地生活下去。

在古代，开国皇帝在登上皇帝宝座之前，大都是一个反抗者的形象。他们曾经是反抗朝廷的先锋队，并且是功绩最大的人。然而当他们自己成为皇帝后，就忘了曾经经历过的苦痛，就不再管老百姓的死活。在他们的概念里只有一件事，就是怎样让天下稳定，不造自己的反。

中国历史上延续时间最长的是周朝和商朝，这是因为在商周的时候实行分封制，无论是商天子还是周天子很大程度只是一个名义上的领袖，除了自己的地盘，其他地方根本不归其管辖。正因为其权力小，所以即便有些许不合时宜的政令危害也小，人民才能允许他长久统治下去。历史上对民众管制最严格的朝代是元朝，只有区区八九十年就被明朝所取代了。可见只有保证人民足够的自由，人民才能拥护你。如果处处压制人民，距离人民推翻你也就不远了。

周厉王是残暴帝王的典型之一，周厉王名字叫姬胡，“厉”字是他死后的谥号，谥号是对其一生功过的总结，所以姬胡被后世称为周厉王。“厉”字算是谥号表里最差的字了，《谥号表》上面说：“杀戮无辜曰厉；暴虐无亲曰厉；愎狠无礼曰厉；扶邪违正曰厉；长舌阶祸曰厉。”其中无论哪一条都不是好词。

周厉王当政时横征暴敛，民不聊生，人们都恨他，希望脱离他的统治。周厉王不但不检讨自己的行为，反而用更严厉的态度对待自己的人民。他下令监视国民，谁敢评论朝政，妄言自己的功过，就将其逮捕，对一些言论激烈的人甚至杀死。这一招果然奏效了，人们不敢再私下里评论周厉王的过失。

周厉王见到没人再谈论自己，高兴地对召公说："我能制止他们妄言朝政，现在没人敢再诽谤我了。"召公听了，忧心忡忡道："大王，你这是在堵百姓的嘴。防民之口，甚于防川。河水积攒多了就会冲垮堤岸。一味堵住人民的嘴，造成的危害更大。"

确实如此，人民虽然不说话了，但是人民的怨恨非但没有消除，反而积攒得越来越多。人们在路上碰到之后，不能说话，只互相看对方一眼，就明白彼此对周厉王的怨恨了。三年之后，忍无可忍的人民爆发了暴动，将周厉王流放了，最终周厉王饿死在了流放之地。

周厉王将天下当成自己的私产，把百姓当成可以玩弄的对象，这才导致了最终的灾祸。

第七十三章　勇于敢则杀

原典

勇于敢[①]则杀，勇于不敢则活。此两者，或利或害。天之所恶，孰知其故？是以圣人犹难之。天之道[②]，不争而善胜，不应而善应，不召而自来，繟然[③]而善谋。天网恢恢[④]，疏而不失。

注释

①敢：勇敢、无畏。

②天之道：大自然的规律。

③繟然：内心平静、坦然。

④恢恢：广阔无边。

译文

勇敢无畏者可能会招至杀身之祸，勇敢而谦虚的人则能保全自己。这两种勇敢，一种有利，一种有害。上天也有厌恶的东西，谁又知道其中的缘由呢？恐怕圣人也说不清楚。天道顺应的法则是：不斗争却善于获胜，没有言语善于回应，不召唤就能使人追随，坦然却善于出谋划策。上天布下的天网广阔无边，虽然稀疏，但不会让任何东西成为漏网之鱼。

解析

钢铁非常坚硬，有没有可能不借助工具用手轻轻地将其弄碎呢？不但有办法，而且很简单，只要在特别寒冷的地方，就能轻易将钢铁弄碎了。寒冷能使水变成坚冰，也能使铁水变成坚硬的钢铁，不过坚硬是有限度的，超过这个限度就会很容易破碎。自然界的一切规律都是相通的，人也是这样，勇敢是好事，但是过分的勇敢就会带来灾祸。

传说张三丰观看乌龟和蛇相斗悟出了太极拳，蛇非常灵活，非常擅长攻击，但是只要乌龟将身体全部缩进壳里，蛇就无从下口。防守严密的乌龟不会有一丝大意，然而当有机会的时候，乌龟就会快速地伸出头去咬蛇。虽然乌龟看似笨拙，但是负伤逃跑的却是蛇。勇敢并不是取胜的关键条件，首先要懂得防守，只要在适当的时候勇敢一下，就能达到想要的结果。

每个人都可以勇敢，但是勇敢也有好坏之分。即便是做贼也是需要勇敢的，庄子描写了一个有名的大盗，名字叫盗跖，他说在偷东西的时候“入先，勇也”，意思是先进主人屋子的人是勇敢的。这样的勇敢非但毫无意义，反而是犯罪的行为。

勇敢不是错，错误的是不分时机地逞一时之勇。如果将事情的前因后果都想清楚，然后制订明确的计划，充分考虑计划中每个环节的得失，然后再去实行，这样的勇敢才是真正的勇敢。勇敢不是将自己陷入危险境地的意思，更不是火中取栗的意思，而是勇于任事、勇于思变的意思。

一些英雄人物也免不了逞雄好勇，最终落得个悲剧的下场。推翻秦朝统治建立大楚的项羽，就是一个因过分勇敢而身死的悲剧英雄。

推翻秦朝统治后，项羽雄踞霸主地位，分封天下诸侯。然而因其分封得并不公平，使得天下数路诸侯起兵反对他，其中实力最强大的是刘邦。项羽与刘邦相争数年，项羽自然是败少赢多，项羽根本没有把刘邦放在眼里，只觉得他跑得太快了。

项羽太过强大了，很少面对失败，垓下之战的失败是他的绝笔。韩信布置十面埋伏，把项羽围困在垓下。项羽兵少将寡，粮食也所剩无几。这时候唯有突围一条路了，他决定带领着剩余将士突围。但是汉军实在太多了，将项羽重重包围，杀出一个包围圈，马上就要面对另一个包围圈，项羽没有办法突围，只好仍旧回到垓下大营，准备寻找机会再次突围。夜里，四面响起了楚国的歌声，项羽惊呼道：“难道刘邦攻下了楚国吗?”当夜，项羽率领着八百将士寻找机会突围，虽然被汉军发觉，韩信派出五千将士追击，但是仍旧让项羽逃脱。

终于逃到了乌江岸边，只要过了这条河就是海阔天空。况且项羽的实力并没有败落，只要重整旗鼓，就能报仇雪恨。然而项羽却不愿再逃跑了，他仰天长叹：“这是老天要亡我呀。”遂在乌江岸边自刎。

杜牧有感项羽的故事，在乌江边写了一首《题乌江亭》诗中写道：

胜败兵家事不期，

包羞忍耻是男儿；

江东子弟多才俊，

卷土重来未可知。

与其说项羽是被刘邦打败了，不如说是项羽被自己的勇敢打败了。他根本不需要在乌江岸边自刎，就像杜牧说的那样“卷土重来未可知”。但是骄傲自负的项羽选择了最惨烈的方式结束这一切。过分的勇敢害了项羽，这值得我们警醒。

第七十四章　民不畏死，奈何以死惧之

原典

民不畏死，奈何[①]以死惧之？若使民常畏死，而为奇者，吾得执[②]而杀之。孰敢？常有司杀者杀，夫代司杀者[③]杀，是谓代大匠[④]斫[⑤]，夫代大匠斫者，稀有不伤其手者矣。

注释

①奈何：为什么。

②执：抓起来、逮捕。

③司杀者：指专管杀人的人。

④大匠：技艺高超的工匠。

⑤斫：砍伐。

译文

人民连死都不怕，为什么还要用死来恐吓他们？假若人民怕死，那我就把那些恶人抓起来处死，这样谁还敢作恶呢？有专管杀人的人，但却经常有人代替这些专管杀人的人执行任务，这就像代替技艺高超的木匠砍树一样，这些代替木匠的人几乎都会把自己的双手弄伤。

解析

生命只有一次，失去生命就什么都没有了，谁会不珍惜自己的生命呢?然而有时候活着并不轻松，既要忍受各种苛捐杂税，还要忍受政府的各种侵扰。当承受不住压力的时候，就会用自己的生命向不公去抗争。如果民众都不害怕死亡了，甚至去主动寻求死亡，那么用死亡去威胁也就不会有效果了。到这种地步后，法律也将只剩一纸空文，对民众也就不会有约束力了，暴力犯罪也将随之增多，社会不稳定性也会增大。

《礼记》中记载了孔子和其弟子路过泰山时的一个故事。孔子在泰山看到一个妇人在一座新坟旁边哭，就问妇人为什么这么伤心地哭，妇人说："这里老虎很多，我的家人都被老虎咬死了。"孔子接着问："既然这里老虎横行，你们为什么不离开这里呢?"妇人说："这里没有残暴的政令。"孔子对弟子们叹气道："残暴的政令比吃人的老虎还要可怕呀!"

残酷的政治逼迫遵纪守法的贫民来到老虎横行的荒山，人民是不愿意来的，生活幸福的话就没有人会拿自己的生命冒险了。孟子说："仓廪实而知礼节。"人民不能填饱肚子、不能穿上暖和的衣服、住不起遮风避雨的房子，就会铤而走险。像孔子遇到的妇人家庭只是逃避到政令控制不到的地方罢了，但是当逃跑都不可能的时候，人民就会开始怨恨这个社会。

如果使社会稳定的方法不是安抚民众，使之回归正常的生活轨迹，而是通过武力来镇压民众，那么更深的危机也就在孕育当中了。所以统治者的一切所作所为一定要依法办事，不能脱离法的范畴，以"稳定"的名义压制人民的自由。对于犯罪分子也不应该过分强调其政治性，而应该依法处理。

这一章里，老子一直在试图说明一个良好的政治环境应有的状态。法律不应该受到行政的干涉，行政则应在法律的框架下施行。每个人都是畏惧法律的，因为法律规定了人民应该怎样做才是安全，怎样做就会受到惩罚，为了免于受到惩罚自然会尊敬并惧怕法律的力量。但是当民众没有触犯法律而遭到惩罚，或者遭到的惩罚严重于所触犯的法律时，法律在人民心中也就不再具有崇高的地位了。只有将该法律管的归法律，该行政管的归行政，行政不能凌驾于法律之上，人们才会受到法律的保护，同时接受法律的惩罚，法律才是具有现实意义的。

第七十五章　民之饥，以其上食税之多

原典

民之饥，以其上食税[1]之多，是以饥。民之难治，以其上之有为，是以难治。民之轻死[2]，以其求生之厚，是以轻死。夫唯无以生为者，是贤于贵生[3]。

注释

①食税：苛捐杂税过重。

②轻：不看重死亡。

③贵生：过分养生。

译文

人民之所以吃不饱，是因苛捐杂税过重所至，所以才造成这种局面。人民之所以难以统治，是因为统治者横征暴敛，任意妄为，所以才难以统治。人民之所以视死如归，是因为统治者过于骄奢淫逸，断了人民的生计，所以人民才冒死轻生。不过分追求享受的人要比过于看重养生的人高明得多。

解析

老子告诫统治者们，不要过分强调自我存在，也不要太把自己当回事，而是应该将自己放在极低位置，设身处地地为人民办事。

宋朝在社会经济发展中遇到了瓶颈，许多社会问题频出，虽然人民依旧安居乐业，但是矛盾已经越来越显现，继续不管不顾的话就会酿成祸患了。就在这种情况之下，王安石开始了他的变法运动。

王安石变法开始时并不是盲目的，他还是县令时，就已经完善了变法的内容，并亲自去施行。在短时间内他的新法就取得了成就，新法不但增加了政府的收入还增加了百姓的收入，可以说是双赢的结局。于是带着经过实验的新法，王安石决定在全国范围内实行。但是现实比想象中残酷得多，新法不但没能取得应有的效果，反而给人民带来了沉重的负担。在新法实施的环节中，各层官吏并没有按照规章办事，而是想方设法从新法中捞钱，结果弄得民不聊生，天怒人怨。

王安石的新法非常好，甚至可以说是超前的，即便放到今天仍旧有非常大的借鉴意义。这样超前的法令同样需要搭配超前的行政机构才能完美地实行。他亲自掌管一个县时新法很有效，当新法在全国范围内展开时，就缺乏一个有效的行政模式配合了。一个优秀的法令必须将方方面面都要考虑进去，既要考虑法令本身，还要考虑法令在实行中可能出现的问题，否则就会出现灾祸。王安石将法令考虑得非常完善，但是唯独忽视了执行阶段的问题，最后落得个祸国殃民的下场。

孟子曾经描述过他心目中的理想社会：每家拥有五亩土地的住宅，四围种植着桑树，那么五十岁以上的人就可以有棉袄穿。鸡狗猪这类家畜，都有能力去饲养繁殖，七十岁以上的人就都有肉可吃了。一家拥有一百亩土地，不去妨碍他们的生产，八口人的家庭便都可以吃得饱饱的了。办好各级学校，反复地用孝顺父母、敬爱兄长的大道理来开导他们，那么，须发花白的老人便会有人代劳，不用再辛苦劳作了。

第七十六章　强大处下

原典

人之生也柔弱[1]，其死也坚强[2]。万物草木之生也柔脆，其死也枯槁[3]。故坚强者死之徒，柔弱者生之徒。是以兵[4]强则不胜，木强则折。强大处下，柔弱处上。

注释

①柔弱：柔软灵活。

②坚强：呆板僵硬。

③枯槁：枯萎。

④兵：兵力或军队。

译文

人活着的时候身体柔软灵活，死之后就变得呆板僵硬。万物活着的时候柔软脆弱，死之后就会变得枯萎干硬。所以，坚硬之物归于死，柔弱之物归于生。因此，倚仗自己兵强马壮而随意侵略他国者，必将走向灭亡，就像树木过于强硬必将被折断。强者居于下，弱者居于上。

解析

很少有人想到，这个世界上力气最大的不是大象，也不是狮子，而是植物的种子。植物的种子看似非常柔弱，只要用手指轻轻一捻就能将其碾碎，但是植物的种子却蕴含着惊人的力量，甚至可以说是世界上力量最大的都不为过。

人的头盖骨联结得非常精密、坚固，科学家用了许多方法都不能将其医学标本完整地分开。力量过大的话就可能将头盖骨弄碎，力量过小的话又没有任何效果。就在科学家们束手无策的时候，有人提出用植物的种子试试。科学家们将种子放进头盖骨里，然后营造出适合种子发芽的温度和湿度。没过多久，种子慢慢地开始发芽了，头盖骨被种子一点点顶开了。

种子是很弱小的，如果环境不允许就不会发芽，但是只要发芽就能激发起体内无穷无尽的力量。这是因为种子不只是一粒种子，其中蕴含着无尽的生命力，它可以成长为一株娇嫩的花草，也可以成长为一棵参天大树。可以说力量强大的不是种子，而是生命力，生命力拥有无限种可能，也就拥有无限的力量。

可能很少有人观察过种子的发芽以及成长过程，肯定有人见过被石头挤压的小草。沉重的石头将小草压得变形了，小草艰难地在石头的缝隙中生长，只要扭曲自己的身体，在石头中推开一个缝隙，有机会接触到阳光，展现在小草面前的就是一个全新的世界。

小草的力量如此强大，却常常被我们忽视不见，无论是在大自然中还是在社会中，被我们忽视的力量非常多，并非是它们的力量不够强大，而是它们将自己的力量隐藏了起来。我们普通人只对显现出来的力量有兴趣，而忽视了蜷缩在柔弱中的力量。我们人类常常将自己的力量高估，从而胡作非为；也常常低估自身蕴藏的力量，显得意冷心灰。我们不应该高估自己，更不应该低估自己，尤其是处于逆境的时候，更应该激发自己的生命力，展现出自己的强大。

种子的生命只能被动激发，不能主动发挥。人类却不同，人类同样蕴含着无尽的生命力，与种子不同的是，激发人的生命力的环境并不是必要的，必要的是我们的信念。如果拥有足够的信念，无论处在什么样的环境中，都能成长为一个优秀的人。如果自暴自弃、不思进取的话，无论多么优良的环境也无法将之锻炼成才。诚然，环境对人的影响是非常大的，但是环境对人的影响不是绝对的，相比之下环境对种子的影响确是绝对的。我们在惊叹种子的力量之前，却忽视了我们人类本身蕴含着比种子更强大的生命力，也拥有更强大的力量。真正的强大从来不是展现自己的强大，而是能够成就自己的强大。

第七十七章　有余者损

原典

天之道，其犹张弓与？高者抑[①]之，下者举之；有余者损[②]之，不足者补之。天之道，损有余而补不足。人之道[③]则不然，损不足以奉有余。孰能有余以奉天下？唯有道者。是以圣人为而不恃，功成而不处，其不欲见贤。

注释

①抑：压下。

②损：减少。

③人之道：指人间的法律。

译文

大自然的法则不正和开弓射箭一样吗？弦拉得过高就稍微让它低一些，弦低了就稍微使它高一些，拉得太满就稍微放松一些，拉得不太满就稍微用力一些。大自然的规律就是用多余的来补充不足的。人间的法则不同于此，经常是用不足的去补充多余的。谁能做到将自己余下的东西奉献给天下人呢？恐怕只有圣人才能做到。所以，圣人并不会因为自己有所成就而自视甚高，即便功成名就之后，他们也不会过度养尊处优地生活，他们不想表现自己的贤德。

解析

无论什么事都有一个界限，达不到界限是失败的，过了界限同样是失败的。人不吃饭会饥饿，但是吃太多东西也容易生病，严重者甚至会撑死。道让所有事物都保持一定的限度，这样才能良性地发展。

这个世界是变化的，不是一架冰冷的机器，不会按照绝对的轨道前进。即便是每天东升西落的太阳，每天也有微小的变化，只是我们不能察觉罢了。生活中的事很难以一种完美的姿态呈现在我们面前，甚至生活会给我们带来许多痛苦。

生活就像张弓射箭一样，用力大了就松一松弓弦；用力太小就加一些力量；低了就抬高一点；高了就放低一点。生活中有不如意的事就看开一点，遇到兴奋的事就需要让自己平静下来。不断调整自己的状态，才能成为人生的胜利者。

大道为世界的运行制定了一定的规则，不会允许超越规则的事物出现，如果违反规则的话就会使之灭亡。例如世界上最高的山是珠穆朗玛峰，高度是8844.43米，这几乎已经是地球能够容忍的极限了，当山峰高到一定程度，就会坍塌。人类社会中的事也是这样的，超过一定限度的话就会受到大道的惩罚。

中国古代每隔几百年就要改朝换代，当一个新的朝代建立后，人口大量减少，有足够的耕地提供给人民耕种，政府为了鼓励生产还会免费提供土地给穷人，使他们安心生产。随着经济和生活脱离了战争步入正常之后，贫富的差距开始加大。有些人凭借自己的努力获得更多的财富，用这些财富购买了土地。还有一部分人依靠不合理的手段，获得了大量财富，这些人拥有的资产富可敌国，这些财富没有投入到商业领域，而是被用来大量收购土地。豪富地主拥有数千顷甚至上万顷的土地，而贫困的农民则无立锥之地，甚至死亡之后都没有一个地方安葬。贫富差距造成了巨大的社会矛盾，失去土地的农民一部分成为佃户，租种大地主家的土地，需要承受巨额的租税。还有一部分失地农民变成流民，成为社会的不稳定因素。流民没有活路之后，就会爆发农民起义，全国性的农民起义爆发，这个王朝也就灭亡了。社会的动荡都是贫富不均的产物，如果一个王朝能够在一定程度上抑制土地兼并，或者减缓土地兼并的速度，那么这个朝代就能传承得更长久一些。高明的统治者不会让一切都向极端方向发展，更不会不计后果地制定政策。无论是个人的生活中，还是管理一个公司或者一个国家，懂得节制就有机会建立新的平衡，从而获得良好的发展。

第七十八章　柔弱胜刚强

原典

天下[1]莫柔弱于水，而攻坚强者莫之能胜，其无以易[2]之。弱之胜强，柔之胜刚，天下莫不知莫能行。是以圣人云："受国之垢[3]，是谓社稷[4]主；受国不祥[5]，是为天下王。"正言若反。

注释

①天下：指天下万物。

②易：替代。

③垢：本意是脏污，这里指屈辱。

④社稷：指代国家。

⑤不祥：灾祸。

译文

世间最弱柔之物莫过于水，但攻克坚硬强壮之物恐怕没有什么东西能胜过水，没有任何东西能代替它。柔弱能战胜刚强，这个道理天下皆知，但却没有人按照这种方法去实行。所以圣人说："能承受整个国家的屈辱，才配成为一国之君；能承受整个国家的天灾人祸，才配成为天下之主。"正面的话好像反说一样。

解析

老子对水之德推崇备至，他认为水拥有完美的德行。水有三种状态，固态、液态、气体。液态的水善于处下，滋润万物无所争执，成就了汪洋湖海；固态的冰非常坚硬，只要拥有足够的低温，坚冰拥有等同于钢铁的硬度；气态的水则变化莫测，在天则为云，在地则为雾，下雨下雪全靠气态的水飞腾到天上。正因为水的变化莫测，无穷无尽，才成为德行的代表。

圣人拥有水一样的德行，行事变化莫测，在不同的环境下展现出不同的形态，这样才能趋利避害，取得成就。无论是冷热变化中的水，还是四时的更迭，都是在变化中度过的。如果环境变化，你还不随之变化，就会受到大自然的惩罚。无论任何人春暖花开时都要换上轻薄的衣服，如果仍旧穿着冬天的棉衣是会生病的。到了冬天也是如此，如果依旧穿着春天的衣服，也会生病。根据四时的变化和天气的不同，更换衣服就是趋吉避害、顺应大道的表现。

我们普通人也在践行着道的法则，只是很多时候意识不到罢了。不过圣人比我们看得更深更远，在我们不注意的地方也能发现道的踪迹。他们的双眼没有被世俗的诱惑所蒙蔽，他们不会在乎地位、不会在乎金钱、不会在乎美女美食，他们凭借自己的意念和这个天地平等地交流。他们有的仍处在人世间，看上去和普通人没什么不同，不过普通人心里装的是蝇营狗苟，他们心里装的是整个宇宙。世俗的强弱荣辱对他们来说已经没有意义了，他们只是在追随大道的脚步，不断向心中的永恒迈进。

平常人在短时间内很难达到圣人的境界，所谓的顿悟，是在不断的积累之上才会发生的。我们平常人只要不停下前进的脚步，用心体会这个世界，达到理想的境界是早晚的事。

在印度著名的孟买佛学院的正门旁边开了一个小门，这个门非常小，说是狗洞也不为过，高一米五，宽仅四十厘米。每一个新来的学员，都会在老师的带领下从这个小门进出寺院，这是作为新生的第一堂课。老师教导学生们说："每个人都喜欢威风八面、有风度、很体面地进出大门，但是这个世界给每个人都布置了不同的难题，例如这扇小门就是一个。只要低头、弯腰就能从这扇门通过，但是心里的难题却需要克服精神上的示弱和妥协。如果不能体会到顺应自然的真谛，那么这扇小门好过，人生的坎坷就不容易过了。"

老师教导学生们的是要放下执念，以柔弱的姿态，面对生活中的种种磨难。如果一味地守着刚强，就可能在更强硬的墙壁上碰得头破血流。

第七十九章　天道善人

原典

和[①]大怨，必有余怨，安[②]可以为善？是以圣人执左契[③]，而不责于人。有德司契，无德司彻[④]。天道无亲，常与善人。

注释

①和：调解。

②安：怎么。

③契：契约。

④司彻：执掌税收的人。

译文

调解深仇大怨，必定留有余怨；用德来回报怨恨，这怎能算得上圆满的解决之法呢？所以，圣人虽然手握借据，但却从不以此强行向人讨债。有德之人好比手握借据的圣人，是那样的宽容；无德之人好比掌管税收的人，是那样的苛刻。天道从不偏向任何人，它永远伴随有德之人左右。

解析

在木头上的钉子，可以拔出，但是木头上却会永远留有痕迹。拔掉钉子还算容易的事，可是木头上的痕迹太难去掉了。仇恨就像钉在木头上的钉子，即便是两人和好了，仇恨的种子也不容易去除，两人间也会留下一缕怨恨。对待有仇的人只有用德行将其感化，才能消弭两人间的仇怨。

圣人不会仇恨任何人，因为他们知道仇恨是没有任何意义的，更不会苛责人，人类在他们眼里只是自然万物的一种罢了。君子不会记着仇恨，但是不会忘记曾经有过仇恨，也不会因为彼此间有仇恨就报复对方。普通人有仇就是有仇，会记恨对方，甚至会适当地报复。还有一种喜欢记恨别人的人，两人间稍微有点仇恨就好像有刀子在扎他一般，不报复绝不罢手，这种人不但是无德的，甚至会走上犯罪的道路。

无论是有仇恨的人还是没有仇恨的人都应该一视同仁，如果别人记恨自己，肯定是自己有妨碍过对方的行为，要时刻反省自己是不是给别人带来了伤害。那么对方执意怨恨自己该怎么办呢？需要以德报怨吗？

孔子曾经给出过自己的答案，在《论语·宪问》中记载了一段对话："或曰：'以德报怨，何如？'子曰：'何以报德？以直报怨，以德报德。'"孔子认为以德报怨是不合理的，如果用德回报别人的怨恨，那么用什么来报答别人的德行呢？孔子认为应该"以直报怨，以德报德"。

老子的思想和孔子不同，在老子看来无论是别人的"怨"，还是别人对于自己的"德"，都不是重要的事，甚至都不要考虑，而是无论对待什么样的人都要与人为善，无论是对素不相识、有德或是有怨之人，都是一样的。

我们普通人从小就被灌输各种善恶的概念，对于别人的恶，我们就会心生怨恨；对于别人的善，我们就会心生感激。这种教育的结果就是，别人对自己的恶，成了身上背负的包袱，如果积攒太多的恶的话就有可能被累垮。

不妨将仇怨放下，不去苛责事情的本末，而是将精神放到自然的大道上，用心体会身边的喜怒哀乐，以一种超然的姿态看待世间的纷纷扰扰，或许就能心生平静了。

但是，放下仇怨并不是面对别人编造的谎言熟视无睹，更不是面对别人的作恶一笑而过，而是在让他们知道自己过错的同时，给予足够的宽容来宽恕他们。大道不会允许大善存在，也不会允许大恶存在，就算是帝王将相，也要为自己的行为负责。

第八十章　小国寡民

原典

小国寡[1]民，使有什伯之器[2]而不用，使民重死而不远徙[3]。虽有舟舆，无所乘之；虽有甲兵[4]，无所陈之。使人复结绳[5]而用之，甘其食，美其服，安其居，乐其俗。邻国相望，鸡犬之声相闻，民至老死，不相往来。

注释

①寡：稀少。

②什伯之器：各种形状的器具。

③徙：迁移。

④甲兵：这里指武器装备。

⑤结绳：指结绳记事。文字产生以前，人们用这种方法记录事情。

译文

使国家缩小、人口变少，虽有形态各异的工具却不使用，人民重视死亡，所以不向远方迁徙。虽然有车马船只，但却没有必要乘坐它；虽然武器装备齐全，但却没有机会与敌人交战。让人民恢复到遥远的结绳记事时代。当君王把国家治理得极好的时候，人民便觉得自己的食物最美味、自己的衣服最漂亮、自己的住所最舒适、自己的风俗最快乐。邻近的国家可以互相望见，鸡犬的叫声也能相互听见，但人民却老死不相往来。

解析

在这一章里，老子构建了一个“小国寡民”的理想蓝图。这种思想的产生，我们应该将其放到当时的环境下去考量，再评价其得失。春秋战国，礼仪不复，征战四起，天下大乱。人们都渴望战乱结束，过上安定平和的日子。在当时还有一种思想提出，就是大统一的思想，只要某个国家足够强大，就能统一天下，从而人人都能过上好日子了。老子和他们的主张正好相反，老子认为应该维持现状，或者将国家分小，不要心生怨恨和喜乐，这样才是天下大同。

老子并不是说不允许大国的存在，更不是说让大国分成若干小国，而是强调国内的秩序。只有完善的法律和行政体制，让人民真正地当家做主，才是老子“小国寡民”的目标。

在古代通信和交通不发达的情况下，治理一个庞大的国家是不可想象的事，但是现在没有了这种顾虑。只要建立起完善的法律体系，人民就可以安居乐业地生活下去。管理百姓其实很简单，百姓们都足够聪明，也足够淳朴，能够很好地管理自己。只要让百姓们知道怎么做不触犯法律，怎么做会受到惩罚，普通百姓不会平白无故受到欺压甚至受到伤害，就能创造一个大同社会。

第八十一章　利而不害

原典

信言[①]不美，美言不信。善者不辩[②]，辩者不善。知者不博，博者不知。圣人不积，既以为人己愈有，既以与[③]人己愈多。天之道，利而不害。圣人之道[④]，为而不争。

注释

①信言：真实的话、诚实的话。

②辩：巧辩。

③与：给予。

④圣人之道：圣人的行事原则。

译文

真实的话语不中听，中听的话语不真实。善良敦厚的人不油嘴滑舌，油嘴滑舌的人则不善良敦厚。目光长远、见解高明的人不一定见多识广，见多识广的人也不一定目光长远、见解高明。圣人不会为自己牟取利益，而是尽可能地给予别人帮助，所以自己也富有；他给予别人的越多，自己反而越来越富足。天道是给予万物好处，而不是去伤害它们。圣人做事原则就是给予，而不是相争。

解析

老子在最后一章里总结了自己的思想，那就是“利而不争”，“为而不害”。顺应大道的人，不需要巧言令色，只需要按照本心去做自己认为该做的事情就可以了。大道的所有创造都不是无的放矢，而是有意义的，无论破坏其中的哪一环节，都会让这个世界出现危机。

大道是绝对公平的，不会对哪一个物种另眼相待，只要符合道就可以自由发展，但是当超出道的容忍限度的话就会带来灾祸。

很多昆虫在产卵时，其数目是一个庞大的天文数字，但是最终能活下来的只有万分之一，甚至几十万分之一。比如，螳螂的幼虫从卵里爬出来的时候不计其数，但是死亡率同样惊人。它们的生长对环境的要求非常严苛，只要气温或湿度达不到要求，就会死去。剩下的幼虫会有相当庞大的数量被其他动物当作食物吃掉。

有人可能觉得，大道让数量庞大的螳螂幼虫出生，但不让它们全部长大，这不是一种伤害吗？但如果螳螂的数量不受控制的话，可能会在一个很短的时间内成为地球的统治者，但用不了多久螳螂本身也会因食物短缺而饿死。以此类推，自然界中食物链的一个环节出现问题，整条食物链上的所有动物都将遭受到毁灭性的打击。所以道不会允许螳螂的幼虫都长大，这并不是对螳螂的伤害，反而是在帮助螳螂生存下去。

我们有时候觉得生活给了我们太多的伤害，甚至有的人忍受不了生活中的磨难，对这个世界失去了希望。可大道不会像一个喋喋不休的老师那样教导你，道只会将你需要的东西放到路途的前方，去不去拾取就不是道的事情了。

不要和这个世界去争辩，与世界争辩的结果无论是输是赢都是没有任何意义的，因为世界不会因为你而改变。自然界始终是会按照它本来的面目自由发展，不会因为谁去改变自己的规则。想要获得更好的结果，只有按照大道的规则来办才行。

动物只能依照本能成长和生存。人类拥有智慧，社会也给了我们更多的选择。我们可以选择顺应大道，也可以选择违背大道，但我们都需要为自己的选择负责。道没有义务为你的失败买单，也不会因为你的成功而自居有功。